JN212125

自閉スペクトラム症（ASD）児の こころの発達を促す 動作法指導パッケージ

干川　隆

はじめに

　私は，これまで動作法を通じて障害のある子どもたちに関わってきました。自閉スペクトラム症（以下「ASD」と示す）で就学前の幼児や特別支援学校小学部低学年の児童，さらに高等部の生徒や卒業生で知的に重度であったりこだわりが強くて物や言葉でのやりとりの難しい ASD の人に対して，動作法による身体を通じたやりとりは有効な支援方法です。

　脳性まひなどの肢体不自由の人の動作法による支援では，十分に緊張を弛めてから座位や立位などの姿勢や動きの練習を行うために，1時間くらいの時間を必要とします。一方，教育相談などでの定期的な ASD の人の動作法による支援では，腕あげ動作課題など 10 分から 15 分の時間で済みます。そこで残りの時間を使って，遊びや要求言語行動の形成などを組み合わせて支援することができます。

　動作法と併せて「一本橋こちょこちょ」などの情動的交流遊びやキャッチボールでのやりとり，好きな活動やおやつなどの場面での要求言語行動の形成，さらにお店屋さんごっこなどの活動を通じた共同行為ルーティンを実施したところ，予想以上の効果を得ることができました。そこで，動作法を中心に据えて，情動的交流遊びや要求言語行動の形成などを併せて実施する方法を動作法指導パッケージとして位置づけ，多くの方に動作法指導パッケージを活用していただきたいと思い本書を執筆することにしました。

　本書を参考に多くの方が，動作法指導パッケージや動作法による身体を通じたやりとりをご理解いただき，特別支援学校や特別支援学級での自立活動の指導の中で実践されることを願っています。

　本書を作成するにあたり，熊本心理療育たけのこ会の皆様，ならびに干川研究室の卒業生の皆様，本書を出版する機会を与えていただきましたジアース教育新社代表の加藤勝博様，編集部長の舘野孝之様に心より感謝を申し上げます。

　令和6年　9月

干川　隆

目　　次

I　実践編

Ⅰ　実践編

第1章　動作法指導パッケージとは何か？

1．動作法指導パッケージ（DHIP）とは何か？

　酒井・干川（2019）は，動作法指導パッケージ（Dohsa-hou Intervention Package：以下「DHIP」と示す）を，次のように定義しています。
　　DHIP とは，共同注意の発達を促すために，動作法による身体を通じたやりとりを中心に，共同注意の発達段階に合わせて「一本橋こちょこちょ」やキャッチボールでの要求言語行動の形成や共同行為ルーティン等を実施し，その相乗効果をねらうもの。
　この定義に基づくと，DHIP は動作法での身体を通じたやりとりを中心に据えて，ASD の子どもや大人に対して，それぞれの実態に応じて，「一本橋こちょこちょ（以下「一本橋」と示す）」などの情動的交流遊びやキャッチボール，また好きな活動やおやつなどを通じての要求言語行動の形成，さらに共同行為ルーティンでの発語の形成を行うものです。DHIP は，動作法での身体を通じたやりとりが変化することと同期して他の活動でのやりとりが改善することが実証されています。
　DHIP の対象となる主な ASD の人は，就学前の幼児や特別支援学校小学部低学年の児童など，年齢が小さくて物や言葉でのやりとりの難しい子どもと，高等部の生徒や卒業生で知的に重度であったりこだわりが強かったりして，物や言葉でのやりとりの難しい人になります。このレベルの ASD の人にとっては，物や言葉でのやりとりの前段階の支援方法として動作法による身体を通じたやりとりが重要になります。
　DHIP の主な特徴は，1）ASD の中核症状としての共同注意行動（JA）得点の変化により支援の評価を行っていることと，2）支援方法として応用行動分析（以下「ABA」と示す）の技法（一事例の実験計画法、プロンプト・フェイディング）を用いていることです。発達段階を踏まえて ABA の技法

を用いている点では，ASD の支援方法として注目されている自然な発達的行動介入（NDBI）と共通したところがあります（コラム1を参照）。

2．動作法とは何か？

DHIP では，動作法を中心に据えています。そこで動作法について，以下に紹介します。

(1) 動作法の歴史的経緯

動作法のきっかけは，1964 年に埼玉県の身体障害者更生指導所に勤務されていた心理の先生が，脳性まひで動かなかった 16 歳の青年の右腕が，催眠暗示による訓練によって真上まで上げられるようになったとの報告です（成瀬，1998）。この事例報告は，脳性まひという生理的な障害と思われていたものが，心理的な要因と重要な関係がある点を指摘したことになります。その後，1966 年に九州大学の成瀬悟策先生を中心に，「催眠法による脳性マヒ者のリハビリテイションに関する研究」として朝日学術奨励金を受けて，系統的な動作法の研究が始まりました。

指導法の多くは，病院や研究機関を中心として各地に広がっていますが，動作法は地域の親の会や先生方の研究会を中心として療育キャンプの形で全国に広まっていきました。コロナ禍の影響もありましたが，現在でも日本のほとんどの県で動作法のキャンプが実施されています。

特別支援教育の分野では，1971 年に養護・訓練（現在の自立活動）の領域が創設されました。動作法は肢体不自由児に対する心理教育的指導法であったことから，養護学校などの学校教育での有用な方法として各地の肢体不自由養護学校の養護・訓練の指導で参考とされるようになりました。宮崎（1999）によれば，肢体不自由養護学校の養護・訓練として先生方が参考としている「活用されている指導理論・技法」として，上位から順に動作法，摂食機能訓練，感覚統合療法であることが報告されています。同様の傾向は，中井・高野（2011）の調査結果でも指摘されています。

1978 年になると，肢体不自由の訓練法を ASD の子どもたちに適用したところ，コミュニケーションが変わったなどの報告がされるようになりました。

今野（今野, 1978; 今野・田中・大木, 1979）は，ASD と推測される幼児児童に対して腕あげ動作コントロール訓練を実施したところ，言語行動の改善や不適切な行動の軽減，対人的なやりとりの変化を報告しています。今野（1978）の研究をきっかけに，動作法が肢体不自由に限らず知的障害や ASD の子どもたちにも適用されるようになりました。また 1986 年には，動作療法として神経症やうつ病などの精神疾患の患者に動作法を適用したところ効果があったことが，学会などで報告されるようになりました。

　1988 年になると，肢体不自由児の障害の重度化や重複化に伴い，身体を重力に応じてタテになることの意味を重視した「タテ系動作訓練法」が成瀬によって提唱されます（成瀬, 1988）。タテ系動作訓練法は，それまでのリラクセーション中心の考え方から重力に応じてタテに姿勢を保持する考え方へと大きく転換し，支援技法を系統的に集約しました。

　このように脳性まひなどの肢体不自由の人の支援法として出発した動作法ですが，その対象範囲も肢体不自由以外の障害のある人に広がり，心理療法の一技法として位置づけられるようになり，支援技法も集約されたことから，1992 年成瀬によって臨床動作法として整理されました（成瀬, 1992）。

(2) 動作法とは何か？

　成瀬（1973）は，生きた人間の動きを動作と定義しました。動作は，

意図―努力―身体活動

というプロセスの心理活動です。人は何かを行おうと意図し，その意図を実現できるように身体部位を特定し，実現しようと「努力」し，結果として動きのパターンとしての「身体運動」を生じます。例えば，脳性まひで緊張が強いときに，温浴や筋弛緩剤などの物理的化学的な刺激によって，脳や神経を刺激して神経，筋，骨格系を活動させる結果として生じる脱力などの身体運動は，意図や努力をしていないので動作ではありません。

　動作法では，この一連の動作過程をスムーズに行えるように援助します。そのために援助者（以下「トレーナー」と示す）は被援助者（以下「トレーニー」と示す）に課題を提示し，課題動作ができるように援助します。脳性まひなどの肢体不自由の人の場合には，動かし方の誤学習や未学習のために意図した通りに身体を動かすことができないので，トレーナーは不適切な緊

張を処理して意図した通りに動かせるように援助します。ASD の人の場合には，姿勢を保持したり歩行したりすることはできるのですが，動作課題として提示されたときに，トレーナーの指示に応じて動かすことが難しいため，トレーナーはトレーニーが援助を受けながら一緒に動かせるように援助します。

(3) 発達援助法としての動作法

　肢体不自由の人から ASD の人にまで適用範囲が拡大され効果が報告されるにつれて，動作法は誤解を生じるようになりました。筆者が動作法をしてきたことを伝えると，特別支援学校の先生や保護者から，子どもが自傷などの不適切な行動があるので，動作法により治して欲しいとの相談を受けたことがありました。理由を尋ねると，動作法をすると不適切な行動がすぐに改善すると聞いたからとのことでした。これは，その適用範囲がさまざまな障害から心の問題にまで拡大し，動作法が何にでも効果があるように誤解されているからだと思います。筆者は，動作法がある種の特効薬のように誤解されて期待されていることに違和感を抱きました。

　脳性まひは，生後４週間以内の中枢神経系の障害です。姿勢や動きができない原因は，中枢神経系に損傷を受けたためです。しかし，脳の障害と動きや姿勢の障害は対応関係があるのではなく，訓練によって動きや姿勢が改善される場合もあれば，加齢に伴って動きや姿勢が重症化してしまう場合もあります。大切なことは，先天性障害の場合，障害をもちながら発達するということです。動作法が発達を援助する方法であるならば，発達段階などの発達モデルを考える必要があります。特に ASD 児の場合には，言葉の発達の前にある身体を通じたやりとりを発達段階として位置づけたモデルが必要になります。

3．DHIP の内容

(1) 支援場面のセッティング

　ASD 児に関わる場合には，動作法に限らず支援場面の設定が重要になります。教育相談等で実施する場合には，多くの相談機関には相談室やプレイルー

ムが設置されています。家庭の場合では，ある部屋を使って指導することになります。

ア．子どものセンターステージに立つ（環境の調整）

　まず，トレーナーが子どものセンターステージに立つように環境を設定します（Rogers & Dawson, 2010）。そのためには周囲の刺激をなるべく少なくして，トレーニーの注意を引きつけてやりとりができやすいようにします。部屋の中に置いてあるおもちゃが目についてしまうと，そのおもちゃで遊ぼうとしてトレーナーとの二者間のやりとりができません。また，タブレットがあると手にとって離さなくなってしまい，二者間のやりとりができません。まず，部屋を見渡して，おもちゃなどはなるべくその部屋の外に置くようにします。棚の場合にはカーテン等で覆って見えないようにします。ガラスの扉が着いている棚も紙で覆って中が見えないようにします。

イ．ルールを伝える（好きなものや活動を見つける）

　お子さんは，どのようなものや活動が好きですか？ポイントは，好きなことを勝手に行って良いということではなく，物事にはルールがあってそのルールに従うことで好きなことができることを，なるべく早い段階で伝えることです。例えば，この子はASDだから，お菓子を好きなときに勝手に取って食べて良いのではなく，身振りや言葉で「ちょうだい」と示せたら，欲しいお菓子が手に入るといういうルールを理解させなければなりません。

　子どもの好きな活動や好きなものが見つかると，それを強化子として設定することで要求行動を形成することができます。例えば，くすぐられることが好きな子の場合にはくすぐり遊びを，お菓子が好きな子はおやつとしてのお

図1　子どものセンターステージに立つ

菓子を，歌を好きな子は歌を聞くことを，動画を見ることが好きな子は動画を強化子として随伴させて，要求言語行動を形成することができます。最初の頃には，くすぐり遊びを1度実施すると席を離れてしまって，あまり好きではないように見える子の場合でも，続けて実施しているとくすぐり遊びが好きになる子もいますのでその見極めが難しく，繰り返してやってみないとわからないところがあります。

ウ．スケジューリング

　その日の活動のスケジュールは，子どもがわかりやすい様式で最初に提示します。文字が読める子の場合には，それぞれの活動を文字で示します。まだ文字が読めない子の場合には，それぞれの活動を示した絵カードや写真カードを用いてその日の全体の活動が分かるように提示します。そして，活動が終了したらカードを外すか裏返します。それにより，子どもはあとどれくらいしたら活動が終了するか，見通しを持つことができます。

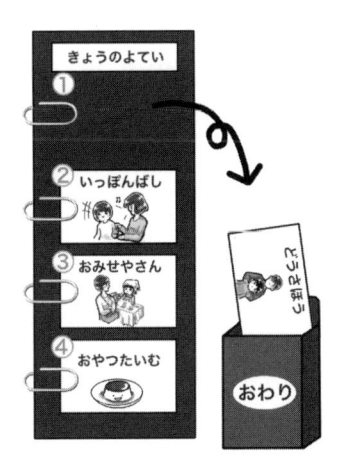

図2　スケジューリングの例

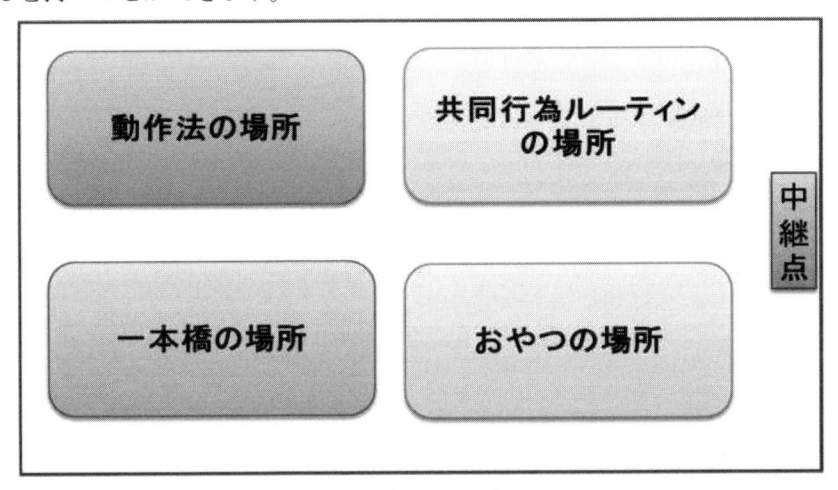

図3　ゾーニングの例

　次に，場所の設定も大切です。大学などのプレイルームで実施できるところでは，図3のように衝立やマットの色を変えるなどして，見た目から活動の場所がわかるようにします。一つの活動が終わるごとに中継点でスケジュール表を確認して，次の活動に移るようにすることで気持ちの切替をスムーズにできるようにします。

(2) DHIP の支援内容

　表1に主な DHIP の支援内容を示します。脳性まひなどの肢体不自由児と違って，ASD 児の場合には動作法を 10 分から 15 分程度の時間で毎回少しずつ課題を実施すれば良いので，セッションの残りの時間に子どもの状態に合わせて様々な活動を実施することができます。

　これまでのケースでは，その後の活動の取り組みが良くなることから，動作法のやりとりが最初に設定されていました。身体に触られることに対して抵抗のある ASD 児の場合は，まず導入として「とけあう体験」(今野, 1997)を取り入れることにより，触れられることが決して嫌なことではなく，楽しい活動であることを伝えます。

ア．動作法

　動作法では，主に腕あげ動作課題を中心に行いますが，対象児の状態に応じて躯幹のひねり課題やあぐら座位での前屈課題・背反らせ課題などを追加します（発達段階に応じた支援の工夫については，第2章を参照）。動作法での評価の観点は，やりとりの発達段階を踏まえて一緒に動かす感じがあるかどうかなどから判断します。また課題を実施する前や課題の途中，さらに課題後のアイコンタクトの回数についても評価します。

イ．キャッチボール

　キャッチボールは，ボールを通じたやりとりです。最初の頃は，呼びかけてもトレーナーを見なかったり，ボールが転がっていっても反応しなかったりなど，やりとりが成立しません。援助を受けながらやりとりすることにより，ボールを受け取ったり投げ返したりするようになり，やりとりが成立します。やりとりをしているとトレーナーとアイコンタクトの回数が増えて，トレーナーに向かってボールを投げるようになります。さらに，トレーナー

表1　DHIP の支援内容

活動	内容	評価の観点
導入	「とけあう体験」	● 触れられることへの抵抗の減少
動作法	腕あげ動作課題 躯幹のひねり あぐら座位での前屈 あぐら座位での背反らせ	● アイコンタクトの増加 ● やりとりの発達段階 ① 二者間の関与　② 三者間の関与 ③ 協力的関与
キャッチボール	ボールのやりとり	● アイコンタクトの増加 ● やりとりの成立・要求言語行動 「大きいのを下さい」（フライで渡す） 「小さいのを下さい」（ゴロで渡す）
要求言語行動	おやつの要求 情動的交流遊びでの要求 「一本橋こちょこちょ」 シーツブランコ 好きな（動画・歌）の要求	● 要求言語行動の形成 ① 身振りサイン ② 一語文「やって・ちょうだい」 ③ 二語文「○○やって・ちょうだい」 ④ 三語文「先生○○やって・ちょうだい」
共同行為 ルティン	お店屋さんごっこ	● 状況に合った発語の増加 お店屋さん・お客さんの台詞

のいるところと違う方向にボールを投げて、喜ぶなど表情が伴うようになります。

　また、キャッチボールでも、要求言語行動の形成を行うことができます。具体的には、「大きいのを下さい」と言葉で要求することができたら、ボールを高く投げ上げてフライをキャッチするように返します。「小さいのを下さい」と言語で要求することができたら、ボールを床の上を転がしてゴロで渡すようにします。

　キャッチボールの評価の観点の一つは、やりとりがどれくらい成立したかです。もう一つの指標は、ボールでやりとりする前後にどれくらいアイコンタクトがあったかです。

ウ．要求言語行動の形成

　対象児の好きな遊びやものを見つけられたら，それを強化子として設定した要求言語行動の形成が可能です。例えば，くすぐり遊びの好きな子で言葉のない子は身振りで，言葉のある子は言葉で要求を伝えることができると，「一本橋」が随伴することで要求言語行動を形成することができます。

　要求言語行動の形成のために，プロンプト・フェイディング法（次の(4)を参照）を用います。要求言語行動の評価の観点は，どれくらいのプロンプトによりどのような様式で（例えば，一語文または二語文でなど）要求することができたかになります。

エ．共同行為ルーティン

　言葉のある ASD 児で，状況に合わせて言葉を上手く使えない子の場合には，共同行為ルーティンが有効です。共同行為ルーティンでは，例えばお店屋さんごっこのように，店員役とお客役に分かれて状況に合わせて決められた台詞を言います。ASD 児で最初は，状況がわからずに物を投げたりしていた子が，状況が分かってくると場面に合わせて適切な台詞を言うことができるようになります。さらに，慣れてくると店員役とお客役を交代しても，それぞれの台詞を言えるようになります。

　状況が分かりにくい子の場合には，店員用のエプロンや帽子を用意したり，おもちゃのレジスターや野菜や果物（八百屋の時）の小道具を用意して，場面がより分かりやすくなるような工夫をします。共同行為ルーテインの評価の観点は，状況に合った発語の数を調べることで判断します。

(3) JA 得点による評価

　DHIP では，支援による効果を評価する指標として共同注意行動の得点表（JA 得点）（黒木・大神，2003）を用います。大神（2002）は，8 ヵ月から 2 ヵ月ごとに 18 ヵ月になるまで乳児を縦断的に調査し，共同注意関連行動の出現時期を明らかにしました。大神（2002）の結果を受けて，黒木・大神（2003）は，それぞれの項目の通過時期に基づいて共同注意項目の得点表（JA 得点）を作成しました。DHIP では，対象児の ASD としての特徴的な変化を JA 得点を用いて評価します。

表2　JA 得点に関する項目（黒木・大神, 2003）

番号	項目	項目内容
Q1	指差し理解	養育者がおもちゃを指さすとその方向を見ることがある
Q2	視線追従	養育者が指さしをしないである方向を見ると，子どももその方向を見ることがある
Q3	他者の指差しに伴う交互凝視	養育者が見たり，指さしている「もの」を見て，その後確かめるように母親の顔を見ることがある
Q4	模倣	養育者のすることを見ていて，まねしようとする（イナイイナイバー，お化粧，電話のまねなど）
Q5	後方の指差し理解	養育者が子どもの後ろにあるおもちゃを指さすと，振り返ってそれを見ることがある
Q6	応答の提示・手渡し	子どもが持っているものを指さして「それちょうだい」と言うと，渡したり，見せてくれることがある
Q7	自発的提示・手渡し	子どもが自分から，おもちゃなどを差し出して養育者に渡したり，見せてくれることがある
Q8	要求の指差し産出	子どもが欲しい「もの」があるとき，自分からそれを指さして要求することがある
Q9	要求の指差しに伴う交互凝視	Q8 のときに，確かめるように養育者の顔を見ることがある
Q10	機能的遊び	小さなおもちゃをなめる，たたく，投げるような感覚遊びではなく，それを適切に使って遊べる
Q11	叙述の指差し産出	何かに興味を持ったり，驚いたとき，それを養育者に伝えようと指さしをすることがある
Q12	からかい行動	Q6 のときに，子どもが養育者をからかうように，わざとそのおもちゃをひっこめることがある
Q13	叙述の指差しに伴う交互凝視	Q11 のときに，確かめるように養育者の顔を見る
Q14	ふり遊び	ごっこ遊びで，おもちゃのコップにお茶を入れるふりをすると，それを飲むふりをすることがある
Q15	他者情動への気づき	誰かが，指を傷つけたり，お腹が痛いとき，その人を心配そうに見ることがある。
Q16	応答的指差し産出	養育者が「○○はどこ？」と尋ねると，指さしをすることがある
Q17	向社会的行動	Q15 のとき，なぐさめたり，いたわるような行動をすることがある

表3　共同注意項目の得点表（黒木・大神, 2003）による評価の例

JA段階	月齢	共同注意事項	JA 得点	Pre	Post
		基本得点	243.00	243.00	243.00
注意の追従	8ヵ月	指差し理解	30.00	30.00	30.00
	9ヵ月	視線追従	30.00	0.00	0.00
	10ヵ月	他者の指さしに伴う交互凝視	10.33	10.33	10.33
		後方の指さし	10.34	10.34	10.34
行動の追従		模倣	10.33	10.33	10.33
	11ヵ月	応答の提示・手渡し	30.00	0.00	30.00
	12ヵ月	自発的提示・手渡し	15.50	7.75	15.50
		要求の指さし産出	15.50	15.50	15.50
注意の操作	13ヵ月	要求の指さしに伴う交互凝視	7.50	0.00	7.50
		機能的遊び	7.50	7.50	7.50
		叙述の指さし産出	7.50	3.75	7.50
		からかい行動	7.50	0.00	0.00
シンボル形成	14ヵ月	叙述の指さしに伴う交互凝視	10.33	0.00	10.33
		ふり遊び	10.33	5.16	10.33
		他者情動への気づき	10.34	5.17	10.34
	15ヵ月	応答的指さし産出	30.00	30.00	30.00
	16ヵ月	向社会的行動	30.00	0.00	30.00
		合計		378.8 (12ヵ月)	478.5 (16ヵ月)

　JA 得点は，表2に示す項目から成ります。保護者にそれぞれの項目が達成できているかどうか記入させますが，不確実なところは実際にその場で，指さしてみたりすることにより，項目を達成できているかどうかを確認します。DHIP では，支援の前と後に JA 得点の記入を依頼し確認することによって，その変化を評価します。

　表3は，実際の支援の前後での共同注意項目の得点表による評価の例を示します。なお，JA 得点はあくまでも共同注意行動の評価表なので，定型発達の子どもの18ヵ月までの発達段階の評価になります。したがって，全ての

表4　強化子のカテゴリーと例（Alberto & Trouman, 1999）

分類	カテゴリー	例
一次性強化子	1. 食餌性強化子	食べ物・飲み物：クラッカー1枚，ジュース1口，プリンなど
	2. 感覚性強化子	統制された視覚・聴覚・触覚・嗅覚・筋運動感覚経験への曝露：人形の毛で顔を撫でる，音楽をヘッドフォンで聞かせるなど
二次性強化子	3. 具体物（物的）強化子	証書，バッジ，ステッカー，アイドルのポスター，風船
	4. (a) 特権強化子	学級委員，チームのキャプテン，宿題の免除
	(b) 活動性強化子	遊び，特別企画，テレビ・パソコンを操作する，算数の発展問題
	5. 般性強化子	トークン，ポイント，クレジット
	6. 社会性強化子	表情，接近，接触，言葉がけ，フィードバック

項目を通過している軽度の ASD 児の場合には，JA 得点による支援の評価はできません。

(4) 応用行動分析（ABA）の技法

　ABA では，行動は環境との相互作用の中で生じると考えます。ASD の子の保護者の中には，不適切な行動やこだわりもその人の個性だから変える必要がないと言う保護者がいます。例えば，ASD 児が動画を見ると落ち着いていられるからと，ずっとタブレットを渡したままで過ごさせている場合があります。この ASD 児は，ものごとにルールがあることがわかっておらず，結果的に好き勝手に過ごしていることになります。人の世界で一緒に生活するためには，ものごとにはルールがあって，良いことをしたら良いことが起こるし，（良いことをしないと悪いことが起こるのではなく）良いことをしないと良いことが起こらないことを理解させる必要があります。

行動に強化子を随伴させることによって，その行動が増えていきます。強化子を除去することによって、その行動が減少します。表4に強化子のカテゴリーと例を示しています。学校場面ではあまり一次性強化子を用いることはないかもしれませんが，教育相談などでは ASD 児に要求言語行動を形成するために一次性強化子をよく用います。例えば，DHIP で要求言語行動の形成では，好きな活動（「一本橋」や好きな動画の視聴など）は強化子として機能します。したがって，身振りや言語で「ちょうだい」や「やって」の行動に好きな活動を随伴させることによって，要求行動が強化されます。

　実施に当たっては，主に ABA のプロンプト・フェイディング法を用います。プロンプトとは，援助者が反応を引き出すために、階層的なリストの中から与える手がかりのことです。プロンプト・フェイディング法は，徐々に手がかりを減らしていき、最終的に一人で行動ができることを目指します。以下は，プロンプト・フェイディング法を用いて「一本橋」の行動を形成した例です。

　まず，言葉があるのにまだ機能的に使うことができない段階の子どもには，トレーナーが「やってください。」とモデルを示して，子どもが模倣して「やってください。」を言えたら「一本橋」を随伴させることで，要求言語行動が強化されます。

　次に、模倣により要求を伝えることができたら，全てを模倣させるのでなく最初の手がかりのみを与えます。例えば，トレーナーが「やって」と言ったときに，それに続いて子どもが「ください」とか「やって，ください」と言えたら，「一本橋」を随伴することでその要求言語行動を強化します。また，トレーナーが言葉の最初の 1 音の「や」を手がかりとして言ったときに，子どもが「やってください。」と言えたら，「一本橋」を随伴させることで，言語行動を強化します。さらに，トレーナーが「なあに」と尋ねたときに，子どもが「やってください。」と言えたら，「一本橋」を随伴させることで行動を強化されます。

　このように，プロンプト・フェンディング法は子どもの実態に応じた支援方法であると同時に，要求言語行動をできたときのプロンプトは，子どもの達成レベルの評価方法としても用いることができます。

ASD の支援方法としての自然な発達的行動介入（NDBI）

　ASD の子どもの行動形成の支援による効果を実証したのは, Lovaas (1987) でした。Lovaas は ASD の幼児を２群に分け, 実験群の幼児に２年以上にわたって週 40 時間の集中的な行動修正法を実施しました。その結果, 実験群の ASD 児は, 対照群と比べて正常範囲の IQ スコアの獲得とより多くの通常の学級や軽度知的障害・言語障害学級への措置となりました。その研究をきっかけに Lovaas（1987）の研究で用いられた離散試行訓練 discrete trial training (DTT) が普及するようになりましたが, いくつかの限界があることが指摘されています（Schreibman, Jobin, & Dawson, 2020）。Schreibman et al.（2020）は, その限界として①新しく学んだスキルを複数の文脈で般化できない, ②逃避・回避を動機とする挑戦的行動が発生する, ③反応に自発性がない, ④プロンプトに過剰依存すると述べています。多くの研究者がこれからの限界を克服し治療効果を向上させようと努力してきました。その過程の中で集約されたのが, 自然な発達的行動介入（Naturalistic Developmental Behavioral Intervention (NDBI) です（Schreibman, et al., 2015；Bruisma et al., 2020）。

　NDBI は, 主に応用行動分析（ABA）と発達心理学の分野から派生した科学的に検証された一連の支援方法です（Schreibman et al., 2020）。これまで ABA では, 対象児の年齢に関係なく同一の手続きが用いられるなど, 定型的な子どもの発達段階に注意が払われていませんでした。一方, 発達心理学では心の理論や共同注意行動に関する研究の増加によって, 3 歳より以前の 1 歳前後からリスク児として早期に特定される ASD 児が増えました。これらの ASD 児に早期から支援するためには, 図４に示すように支援方法として ABA の技法が用いられるようになってきました（Schreibman et al., 2020）。筆者は, 発達心理学による早期のリスク児への対応とその支援方法としての ABA の融合は, 必然的な流れであると考えます。

　NDBI の核となる要素について, Schreibman et al.（2020）は, 次のようにまとめています。

【核となる要素】
・ABA の科学によって開発された確立された原則に基づいている。
・発達に基づいた支援方略と順序を使用し，子ども一人一人に合わせた目標設定を行う。

【共通の手順要素】
・支援の手続きを明確に規定した支援マニュアルがある。
・治療 treatment の忠実性を評価する手続きを含む。
・治療の進捗状況の継続的な測定を含む。

【共通の支援方略】
・子どもが希望する教材，好ましい活動，または慣れ親しんだルーティンにアクセスするために，大人が開始するか大人と相互作用しなければならないように，環境をどのように配置すべきかを明記する。
・新しいスキルの習得には、プロンプトとプロンプトフェードを使用する。
・自然の強化やその他の意欲を高める方法を利用する。

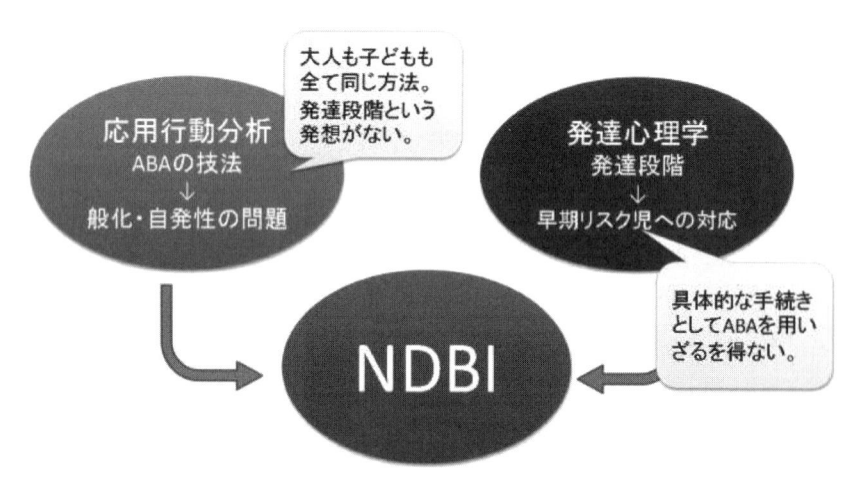

図4　ASD の支援方法としての自然な発達的行動介入（NDBI）

・新しいスキルの習得を通してプロンプティングやプロンプト・フェイディングを用いる。
・子どもの言葉，遊び，身体の動きを大人が模倣する。
・ティーチング・ルーティンの中でバランスの取れた交代を用いる。
・モデリングを使用する。
・子どもの注意の焦点を広げる。
・子ども主導のティーチング・エピソードを何らかの形で取り入れる。

　NDBIの条件を満たす支援方法としてSchreibman et al.（2020）は，早期開始デンバーモデル（Early Start Denver Model：以下「ESDM」と示す），拡大環境言語指導（Enhanced Milieu Teaching），機会利用型指導（Incidental Teaching）/ウォルデン幼児プログラム（Walden Toddler Program），共同注意，象徴遊び，関与，調節（Joint attention, symbolic play, engagement, and regulation：以下「JASPER」と示す）などを紹介しています。

　NDBIのESDMのガイドブック（Rogers & Dowson, 2010）やJASPERのガイドブック（Kasari, Gulsrud, Shire, & Strawbridge, 2022）を見ると，指差しなどの共同注意行動がなかった場合は，子どもにモデルを示したり，指型づくりなど身体的なプロンプトによって共同注意行動そのものを形成しようとしていました。一方DHIPでは，共同注意行動そのものを形成しておらず，動作法による身体を通じたやりとりの結果として，共同注意行動が形成されます。

　また，身体についてESDMはタッチの重要さについて触れていますが，あくまでも物を介したやりとりの導入に過ぎません。JASPERでは身体を介したやりとりについては全く触れられていませんでした。DHIPの顕著な変化を考えると，動作法による身体を通じたやりとりが重要な意義をもつと考えられます（詳しくは，干川，2023aを参照）。

第2章　動作法の実際

1．動作法による身体を通じたやりとりの発達段階

　全国的に見ると珍しいのですが熊本には，心理療育たけのこ会という動作法のための ASD 児親の会があり，その会を中心に ASD の人の動作法による月例会やキャンプが実施されています。筆者はこれまで約 15 年間にわたってたけのこ会に関わってきました。筆者は，たけのこ会などでのこれまでの動作法による身体を通じた関わりの中から，動作法の機能から見た ASD 児の発達段階として表5に示す6つの段階を整理しました（干川, 2016）。つまり，同じ動作課題でもトレーニーの発達段階によって動作法の機能が異なることになります。言い換えると，発達段階を踏まえることで，動作法による身体を通じたやりとりとして，ASD 児の発達段階に応じた課題を設定できます。DHIP は，共同注意行動（JA）得点で顕著な変化を示したことから，共同注意行動の顕著な発達的変化の背景には，動作法による身体を通じたやりとりがあると推測されます。

　表5の段階1から段階4までの動作法の機能は，コミュニケーションの発達を促すことであり，ASD 児にとって特に重要な課題です。表5の段階5と段階6の動作法の機能は，コミュニケーションではなく肢体不自由のトレーニーと同様に動き／姿勢の改善をねらったり，心理療法としてのものになります。

　たけのこ会のトレーニーのように, 20 年もキャンプや月例会などを通じて動作法を受けてきた ASD の人にとっては，動作法はコミュニケーションの改善の機能というよりも，肢体不自由の人と同様に健康増進や自己コントロールとしての機能が強くなります。

　以下にそれぞれの段階の特徴や，動作法での対処や工夫について具体的に提案します。ここでの工夫は，筆者のオリジナルなものというよりも，これまでの臨床活動の中で多くの先生方からご助言をいただいたものです。

表5　動作法の機能からみた ASD の発達段階（干川, 2016 を加筆修正）

機能	発達段階	子どもの様子
コミュニケーション	段階1 他者受容段階	・触れられることを嫌がる ・課題に応じようとしない
	段階2 課題への部分的応答段階	・その時々の気分によって応じたり応じなかったり
	段階3 他者を意識しない課題遂行段階	・パターンで遂行している（注意を共有していない） ・早く課題を終わらせようとする
	段階4 他者を意識した課題遂行段階	・やりとりに興味を示す ・やりとりの最中や後に反応をうかがう
動き／姿勢・心理療法	段階5 共動作段階	・うまく課題ができている（共動作＝共同注意体験） ・トレーナー主導、トレーニー主導などの使い分け ・難しい課題へのチャレンジ（動作課題）
	段階6 日常生活での活用段階 （健康増進法・自己コントロール法）	・ストレスマネジメント教育としての動作法の活用 ・緊張場面でリラックスできる ・からだを固くならずに維持する

2．段階1（他者の受容段階）への対応

　段階1の ASD 児は，言葉や物でのやりとりができません。前述の心理療育たけのこ会の月例会では，保護者の口コミや就学前の通所施設からの紹介で，毎回，動作法を受けたいという ASD 児がやってきました。このため筆者は，毎回，新しい ASD 児をインテークしなければなりませんでした。初めての ASD 児が嫌がらずに身体を通じたやりとりができるための導入として，いろいろな関わりを試みた結果，文教大学の今野義孝先生が開発された「とけあう体験」（今野, 1997）を用いることにしました。たとえ保護者から触わられることを嫌がっていると言われた ASD 児でも，ほとんどの ASD 児は手でのとけあいに対して嫌がらずに手を出し，抵抗なく身体を通じたやりとりを実施することができました。一人だけ手でのとけあいでのやりとりが

できなかった ASD 児がいましたが，彼は足でのとけあいだったら身体を触らせてくれて，その後動作課題へと移行し，保護者の方が熱心に動作法に取り組まれています。

　とけあう体験のやりとりのときの子どもの主な反応として，常同的な動きをしていた ASD 児が動きを止めて触れられている手を見たり，トレーナーの顔を見たり，ピタッフワッのやりとりを繰り返していると次を期待したり，右手が終わった後に促すと左手を出すなどの反応を示しました。これは，ASD の成人の例ですが，触れられることが嫌なことでなくて気持ちの良いことであることがわかると，トレーナーの手を自分の肩に持って行こうとする人もいました。

　写真1は，障害のない3歳児の協力を得て，手でのとけあいの様子を撮影した動画の一場面です。左は直前の様子を，右はピタッフワッのやりとりを示しています。今回，ASD 児ではない定型発達の幼児に初めてとけあう体験を実施したのですが，思った以上にいろんな反応がありました。写真1の右に示すように，写真の幼児は自分に触れている相手を見て恥ずかしそうに笑っていました。大学の授業で行った動作法の実習の中でとけあう体験を実施したところ，恥ずかしいと感想を述べた学生がいました。他者から見られている自分に気づいたのでしょう。機会がありましたら面白い反応が見られるので，障害のない人にもこのような身体を通じたやりとりを実施されることを提案します。

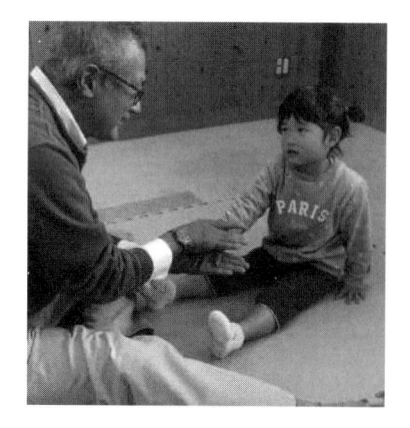

写真1　とけあう体験の様子（左は触れる前，右はピタッフワッの時）

手でのとけあいのポイントは，まず「ピタッ」と言いながら手のひら全体でトレーニーの手を包み込みます。そして，「面白いね。」「気持ちいいね。」などと言いながら手のひらを少しずつ離していきます。このときに、まずトレーナーが自分の手のひらの力を抜くようにします。離れるか離れないかのあたりを大切にして時間をかけてゆっくりと離していき，最後「フワッ」と言いながら一気に手を離します。トレーニーの体験として，触れられている手の温かさを感じたり，手が軽くなってトレーナーの手に着いていく感じがしたり，いつもと違う不思議な感じや面白そうな感じを体験できたら成功です。

　手でのとけあいができるようになったら，肩でのとけあいができるようにします。ASD の人の中には，身体に触れられることを警戒して，背後から援助されることを嫌がる人もいました。そのときは，前から肩を援助するようにします。背後からの援助に抵抗がなければ，写真2のような姿勢で援助します。

　写真2は，障害のない5歳児の協力を得て，やりとりの様子を示しています。ピタッと言いながら両肩を包み込むように手を添えて，フワッと言いながら両肩の手を上にそっと離していきます。このとき，離れるか離れないかのあたりに時間をかけ,離れるときにはパッと一気に手を離すようにします。写真のように,フワッと手が離れた瞬間に,不思議そうな表情になりました。

写真2　肩でのとけあい（左：ピタッ，右：フワッ）

3. 段階2（課題への部分的応答段階）への対応

　段階2の ASD 児の様子として，動作課題でのやりとりが長続きせず，例えば課題が終わる毎に立ち上がってしまうなどの行動があります。

　この段階でのトレーナーの誤った捉え方として，うまくやりとりができているときは，「今日は調子が良い。」と思い，うまくやりとりができないときには，「今日は調子が悪いからうまくできない。」と思うことがあります。あるいは課題に集中できないのなら，無理矢理課題に集中させようとしてトレーナーが他動的に押さえつけてしまったり，嫌だと思ってもじっと我慢させなければならないなどのトレーナーの思い込みがあります。

　キャンプや月例会では，限られた時間の中である程度の効果を引き出さないといけないとの思いから，何とか課題に関わらせようとすることがあります。しかし，教育相談や学校での指導のように定期的に関わる場合は，決して急ぐ必要はありません。時間をかけながら少しずつ二者間でのやりとりにもっていくように働きかけます。無理に課題に関わらせようとすると，どうしても他動的な援助になってしまいます。

　では，どのように対応したら良いでしょうか。私は，腕あげ動作課題を例に，以下のような援助の工夫を行っています。

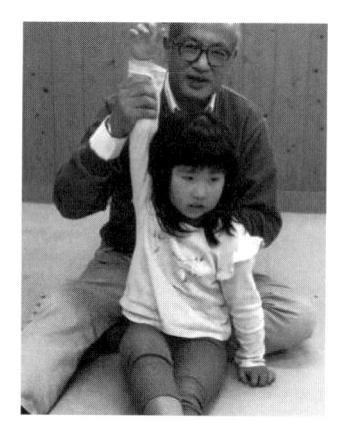

写真3　座位での腕あげ動作課題の様子

（1）側臥位が取れなければ，座位での腕あげ動作課題のやりとりを

　腕あげ動作課題は，仰臥位（仰向けの姿勢）で，腕を上げたり降ろしたりする課題です。しかし，言葉でのやりとりの難しいASD児にとっては，仰臥位をとることが難しい場合があります。仰臥位が難しければ写真3に示すように座位で腕あげ動作課題を実施します。まずは，手を上げた位置から「せーの」のかけ声に合わせて身体を軽く揺することで手がかりを与えます（図3右）。課題は，トレーニーが力を抜くと自然にできるように設定します。下に着く直前にも「はい，できたね。」など声かけをしながら手を軽く床に押しつけることで，終わりの合図を伝えます（図3左）。慣れてきたら，下から腕を上げていって上までいったら下に腕を降ろすという往復の動作課題を何度か繰り返します。

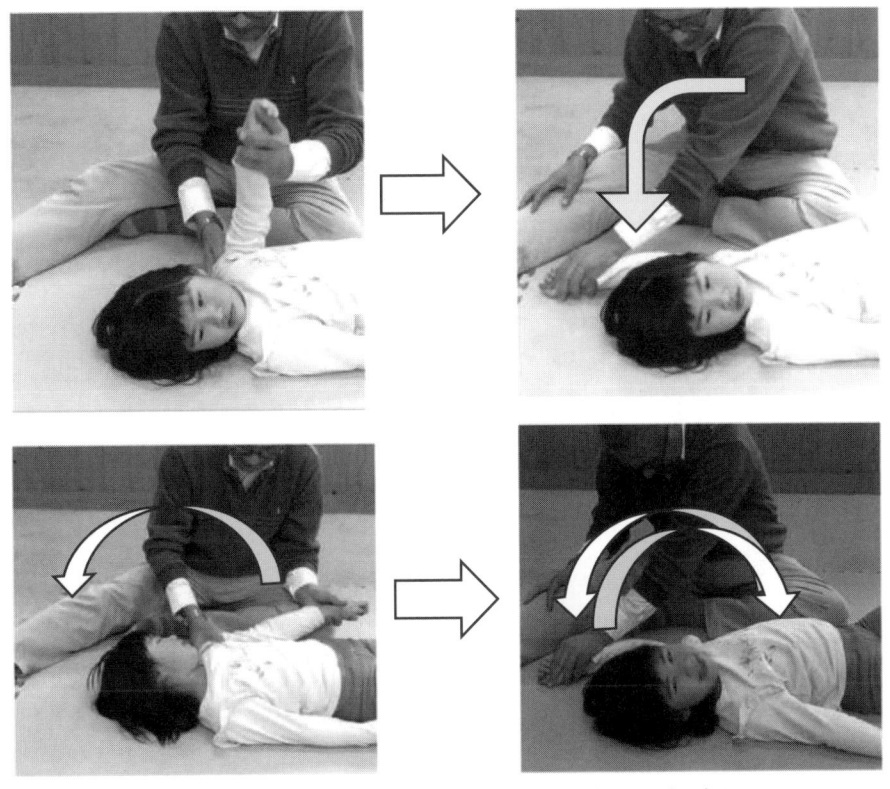

写真4　腕あげ動作課題の実際（動かす範囲を広げる）

(2) 課題の動かす範囲を少しずつ広げる

　まだ課題に十分に慣れていない ASD 児の場合に，狭い範囲でのやりとりからより広い範囲でのやりとりへと，少しずつ動かす方向や範囲を広げていきます。写真 4 は，腕あげ動作課題を例に一緒に動かす範囲を広げていく様子を示しています。

　課題に初めて取り組む ASD 児の場合は，写真 4 左上のように垂直の位置をスタートとして，「せーの」のかけ声に合わせて身体を軽く揺さぶって言葉と身体の合図を手がかりとして課題を開始します。トレーニーは，力を抜くと課題を遂行できることになります。写真 4 右上のように頭の上まで来たら着く瞬間に「はい，着いたね。」と言いながら床に手を軽く押し当てて，課題の終了を伝えます。

　慣れてきたら，写真 4 左下のようにトレーナーはトレーニーの手を床から少し浮かした位置をスタート点として合図を与えて課題を開始し，約 180 度動かして頭の上に来たら声かけと身体の合図から課題が終了したことを伝えます。慣れないうちは，腕を上げるだけ，あるいは降ろすだけの一方向の動きの課題を実施します。慣れてきたら写真 4 右下のように腕を上げていき，また腕を降ろす往復の課題を実施します。

(3) 始めと終わりを明確に伝える

　これまで述べてきたように，課題を開始するときには言葉で「せーの」のかけ声に合わせて身体を揺さぶるようにし，言葉だけでなく身体でもスタートの合図を示します。例えば写真 5 のように腕あげ動作課題で，頭の上まで腕が上がりあと少しで床に着きそうなときには，「はい，着いたね。」と言いながら，床に手を押し当てることで終着点に着いたことをトレーニーに伝えます（成瀬，1998）。

　最初，何をされるのか戸惑っていた ASD 児にとっては，始めと終わりがわかり，ここからここまでを一緒に動かす課題であることがわかるので，見通しが持てます。また，単に言葉で指示するだけでなく身体でも合図を送ることによって，言葉でのやりとりができない ASD 児でも容易に課題を理解することができます。

(4) 回数を決めて課題を行う

　動作法でのやりとりに慣れていない場合には，何回課題を行ったら終了なのかがわからず，見通しが持てないために課題に集中できないことがあります。そうならないように，初期の頃は回数を決めて課題を実施します。例えば，腕あげ動作課題のときに右側3回，左側3回などと回数を決めて実施することにより，ASD児があと何回で課題が終了するかの見通しを持つことができます。それによって，より集中して課題に取り組むことができます。

(5) 身体をお任せする体験を加えることも

　段階2にある ASD 児の場合，とけあう体験で触れられることについて抵抗はなくなったのですが，課題として何を行ったら良いかが十分にわかっていないところがあります。これまで述べてきたように腕あげ動作課題での工夫もありますが，躯幹のひねり課題やあぐら座位での背反らせ課題のようなリラクセーション課題によって，トレーナーに身を任せリラックスすると気持ち良いことをトレーニーに伝えることができると，その後の動作課題でのやりとりがより集中したものになります。

　ここでは，あぐら座位での背反らせ課題について説明します。課題では，あぐら座位を取らせて，後方にいるトレーナーに身をもたれさせるように援助します。その際に，これまで述べてきたように，始めと終わりを明確にします。具体的には，後ろに上体を倒すときのスタートとして，「せーの」と言いながら頸を支えている手を揺するようにして合図を伝えます。また反らせた後に，上体を戻すときにも「ハイ，おしまい。」と言いながら，頸を支えて

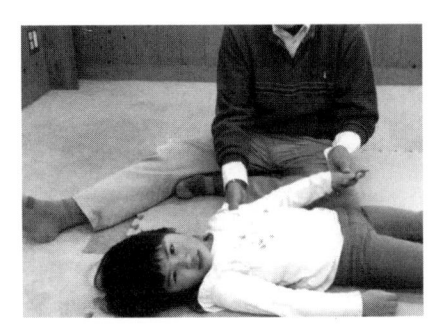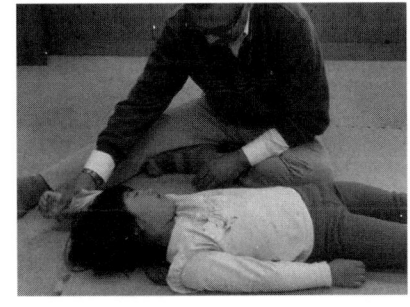

写真5　腕あげ動作課題の実際（左「せーの」，右「はい，着いたね」の様子）

いる手やはさんでいる膝によって課題終了の合図を伝えます。

　背反らせ課題では，易しい背反らせから難しい背反らせへと課題の難易度を変えることができます。具体的には，写真6に示すようにトレーナーがはさんで支えている膝を弛めると上体は後傾しやすくなります。写真の幼児は，「歯医者さんの椅子みたいだ。」と感想を述べていました。しだいに身を任すことに慣れてきたら，写真7に示すように，トレーナーははさんで支えている膝を閉じたまま背反らせをすることにより，背の反りの角度が大きくなりトレーニーにとってより難しい課題になります。

　対象児によりますが，必要に応じてカウンティングを用います。動作法では，身体感覚に注意を向かせるためにカウンティングを用いないようにしていますが，筆者は ASD 児の場合にどのくらいまで身を任せたら良いかがわかるように，カウンティングを用います。例えば，10 までカウンティングする間にトレーニーが脱力して身を任せることができれば，結果として動作法が気持ちの良いことをトレーニーに伝えることができます。

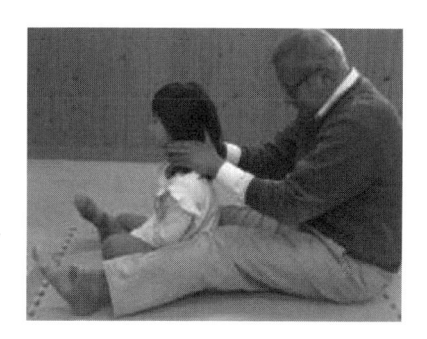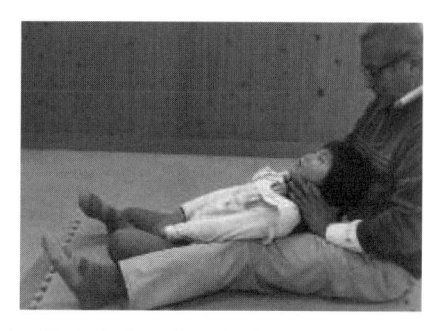

写真6　あぐら座位での背反らせ課題（膝をゆるめ背をあまり反らさない）

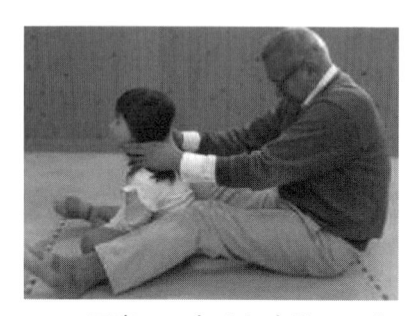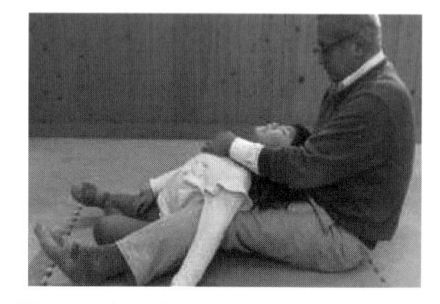

写真7　あぐら座位での背反らせ課題（膝を狭めて背を反らす）

4．段階1と段階2での主な変化

　これまでの DHIP を適用した事例を振り返ると，動作法による身体を通じたやりとりの変化に合わせて，次のような日常での変化が報告されていました。

(1)　物を介したやりとりができるようになる
　段階1と段階2によって，それまで身体を通じたやりとりができなかった ASD 児が身体を通じたやりとりができるようになると，物を介したやりとりができるようになります。顕著な例として，キャッチボールでそれまでボールを転がしても取ろうとしなかったり，相手を見ずに投げたりしていた ASD 児が，転がってきたボールをつかんだり相手を見て投げ返そうとすることでターンが続きはじめます。それ以外にも遊びの場面で，おもちゃの受け渡しができるようになるなどの変化が見られました。

(2)　相手に合わせた行動の増加
　これは施設に入所している ASD の人の例ですが，それまで誘っても全く作業に参加しなかったのに，動作法を始めてから誘いに応じて作業に参加するようになったなどの報告がありました。この人は，それまで断固として聞いてくれなかったのですが，動作法でのやり取りの変化に伴って，少しずつ相手に合わせるようになったそうです。

(3)　状況に合った感情の増加
　ある保護者は，動作法でやりとりができるようになってから，家でも笑ったら笑い返すなどの感情のやりとりが増えたと報告していました。また，それまで情緒的に不安定だったのが，動作法をするようになって安定してきたとの報告もありました。さらに，遠くにいる母親に気づいて母親をめがけて近づいてくることがあったことや，車での特別支援学校の送迎の際に，車の乗り降りの介助が楽になったなどの報告もありました。

5. 段階3（他者を意識しない課題遂行段階）への対応

　段階3の ASD 児の様子として，課題を遂行できるのですが他者を意識しないまま回数だけをこなしていることがあります。具体的には，「腕あげ動作課題を右3回，左3回実施したから今日はおしまい。」などと，身体を通じたトレーナーとのやりとりというよりも，筋力トレーニングのように決められた回数をこなすことです。

　保護者の中には，これまで動作課題が継続してできなかった子どもが決められた回数を毎日一緒にできるようになったので，課題ができるようになったと安心してしまう方がいます。教師も体育と同じように，動作法として決められた回数ができているからと安心している場合があります。しかし，動作法のねらいは，身体を通じたやりとりにより意図を持つ行為主体としての他者を理解することにあります。したがって，次の発達段階を目指して以下のような支援の工夫が考えられます。

(1) 補助を次第に減らす

　動作法は，多くの場合身体ガイドを用いることで，課題を伝えて課題が遂行できるように援助します。そこで，動作法でより課題に集中させる工夫として補助しているトレーナーの援助の量を次第に減らすことによって，より課題(さらにその先にあるトレーナー)に注意を向けさせることができます。

　写真8に腕あげ動作課題を例に，援助を減らしている様子を示します。腕あげ動作課題では，以下のような5つの段階の補助が考えられます。

①肘や腕を支える：腕あげ動作課題に慣れていないと、肘がまがったりするので、肘がまがらないように援助する。

②手首を支える：肘がまがらなくなったら、手首を援助して一緒に動かす。

③手のひらを支える：手のひらを持って援助する。

④指を支える：人差し指や中指を持って援助する。

⑤指先を支える：映画「**ET**」のように指先だけで（ぶらさがらないで）援助する。

　写真8には，手首と手のひら，指先を補助した例を示しています。写真8

右の指先の補助は，トレーナーの指にトレーニーが指先を巻き着かせぶらさがっているので，あまり良い例ではありません。理想的には，映画「ET」のように指先だけのやりとりができることです。

　補助を少なくされることによって，トレーニーはより集中して課題に取り組まなければなりません。トレーナーは，補助を少なくしたときにもこれまでと同様に，「せーの」と言いながら触れている部位を揺さぶって合図を送ったり，「はい, 着いた。」と言いながら手や指を床に押しつけることによって，最初と最後の合図を伝えることができます。

(2)　「ゆっくり」に合わせる練習

　動作法では，最終的な課題の目標を提示するとともにそのプロセスを大切にします。例えば，腕あげ動作課題では，最終目標が腕を下の位置から頭の上まで上げることですが，そのプロセスの中でトレーナーは「ゆっくり, ゆっくり。」と言いながら，速く動かそうとするトレーニーにブレーキをかけて，ゆっくりと腕を上げていくことを求めます。このように腕あげ動作課題では，腕を頭の上まで上げるという動きとトレーナーの指示に合わせてゆっくりと腕を上げていく動きが求められます。筆者はこれを動作法の二重課題モデルと定義しました。

　段階3にある ASD 児の場合には，最終目標を理解して動かそうとすることが結果として他者を意識しないで課題を遂行することになります。そのため，他者を意識させるには一定の速度で動かしていたところから，速度を「ゆっくり」に変化させます。速度の変化は，トレーニーに「あれ？」といっ

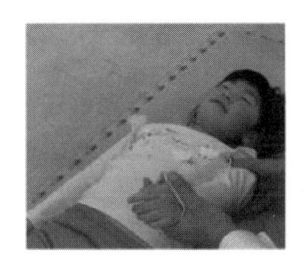 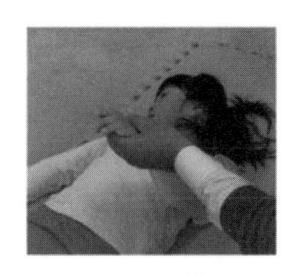 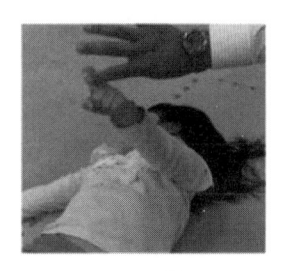

手首を補助　　　　　　手のひらを補助　　　　　　指先を補助
写真8　腕あげ動作課題での補助の補助を次第に減らしている様子

た体験を引き起こし，トレーナーが何を意図しているのかを推測するように促します。そのことが結果として，意図をもった行為主体としてトレーナーを理解することにつながります。

　写真9は，障害のない5歳児にモデルを依頼して，腕あげ動作課題のときの速度変化でのやりとりの様子を示したものです。ここでは，3回にわたって左手を上げ降ろしすることを課題としました。1回目に腕を下から上へと上げていく課題遂行時の様子ですが，周囲のことが気になり，特にトレーナーを意識せずに腕を動かしていました（写真左）。2回目（写真中央）では，合図に合わせてトレーナーとアイコンタクトがあり，課題に集中することができていました。3回目は，これまでの2回の速度に比べてゆっくり動かすように言葉で「ゆっくり，ゆっくり。」と言いながら，速く動かそうとする腕にブレーキをかけたときの反応です（写真右）。最初，前の2回と違う速度であったことから，「あれ？」といった表情を浮かべてトレーナーの意図を確認するかのように顔色をうかがいました。その後，写真のように笑いだしていました。動作法のやりとりには，このように腕を上げることとゆっくり動かすことの二重課題であるため，他者の意図に注意を向けるようになることが推測されます。ゆっくりの速度変化に伴い，トレーナーに合わせてトレーニーが速度を切り替えたことは，トレーニーがトレーナーの意図に合わせてアクションプランを更新したと言い換えることができます。

　あるいは腕を動かす途中で，「ここだよ。」と言いながら身体に触れている手を軽く揺さぶることで，トレーニーが身体に注意を向けるように促すことができます。

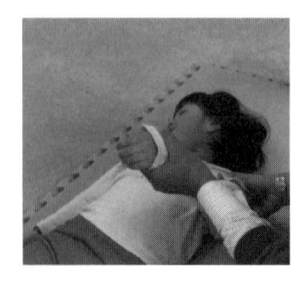 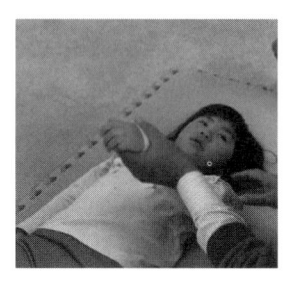 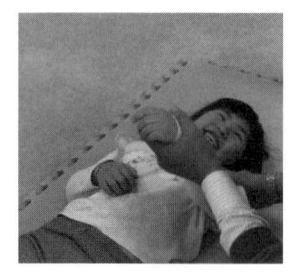

1回目　　　　　　　　2回目　　　　　　　3回目（あれ？）
写真9　腕あげ動作課題の途中で速度を変えたときの反応

6．段階4（他者を意識した課題遂行段階）への対応

　段階4の ASD 児の特徴として，段階3で示したようにトレーナーの速度変化に合わせてトレーニーが速度を変更できるようになります。もう一つの特徴的な変化は，例えば腕あげ動作課題で腕を上げるように指示されると下げてみたり，ゆっくり動かすように指示されるとわざと速く動かしてトレーナーの顔色をうかがったりするなどの「からかい行動」の出現です。

　以前は，からかい行動が出現したときに，筆者は課題に集中していなくてふざけていると解釈し，今は学習中だからふざけないで課題に取り組むようにトレーニーを注意していました。しかし，他者との関わりに課題のある ASD 児にとって，他者の顔を見ながらわざと違う行動を示したり，ニヤッと笑ったりなどの情動的な反応を示すことは，他者とのやりとりの劇的な発達的変化であると言えます。

　そこでトレーナーは，まず「からかい行動」をポジティブに評価して，トレーニーとのやりとりを楽しめたらと思います。ポジティブに評価できることで課題への取り組みに対して，トレーナーはイライラすることもなくなり笑顔で応答できるようになります。

　しかし，いつもまでも「おふざけモード」で終わってしまうともったいないので，そのときは課題に集中できるように援助します。写真10は，障害のない3歳児に腕あげ動作課題を実施したときのやりとりの様子です。写真の幼児は，自然に課題を遂行する途中であちこちと違う部位を動かしてみてトレーナーの反応をうかがっていました。定型発達の子どもは，何も指示していないのに自分から「からかい行動」をして，相手の意図を探るような行動を示します。

　写真10左上は身体をひねって，右上は足もばたつかせてトレーナーの反応をうかがっている様子を示しています。このやりとりも面白いのですが，これでは肝心の腕を上げるという課題に集中できません。そこで写真10左下のように足をばたつかせたらトレーナーの左手で足を押さえます。トレーニーが右手を動かしたり，右手で足の補助を払おうとすることもあります。そのときにはトレーナーは，写真10右下のように左手でトレーニーの右手

を押さえて肘で足を押さえるようにします。

　写真 10 のモデルは3歳児なので，トレーナーは一人で当該部位以外の動きを押さえることができます。これがもう少し年齢が上のトレーニーであったり成人の場合であれば，トレーナーは自分の足でトレーニーの足を押さえたりなど全身を使って援助します。しかしトレーナー一人で難しい場合には，サブトレーナーが必要になります。トレーナーの中には，トレーニーに馬乗りになって課題に集中させようとされる方もいましたが，学校や施設などではトレーニーの上に馬乗りになって押さえているだけで虐待を疑われる場合がありますので，誤解を招かないような配慮が必要です。

　援助はあくまでも，身体をひねったり足をばたつかせたときにします。援助は，動かそうとするのを先読みして「ちょっと待って。」という感じで押さえることで，トレーニーが行動を調整できることが目的です。したがって，課題以外の部位を動かそうとしていないのにずっと押さえられてしまうと，動作法が押さえ込まれる嫌な訓練と誤解され，トレーニーの課題に対するネ

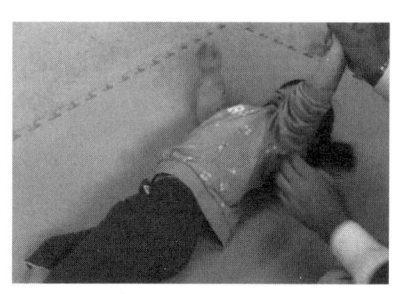
身体をひねる

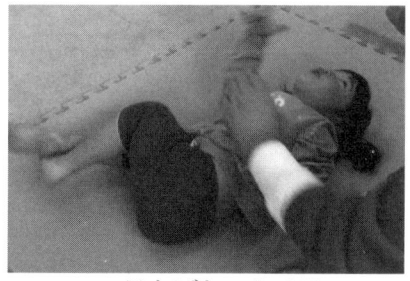
足をばたつかせる

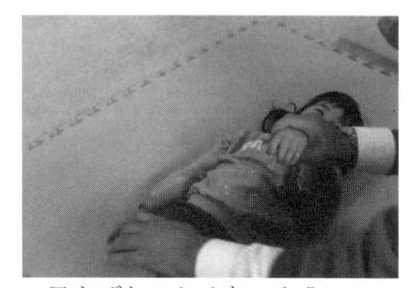
足をばたつかせないように

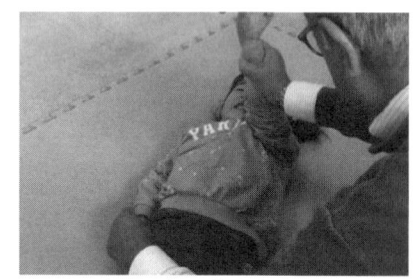
反対側の腕も動かないように

写真10　からかい行動の様子と課題に集中させる工夫

ガティブな印象を生み出してしまいます。

　トレーナーが課題に集中させようとすると，力を入れて起き上がろうとするのであれば，補助の手をいったん離してトレーニーが起き上がってからまた戻ってくるのを待ちます。力比べになるのをなるべく避けます。教育相談や学校で定期的にトレーニーに関わることができる場合は，何度も繰り返すことができるのでトレーニーも課題を理解することができます。回数を重ねるにつれてトレーナーとトレーニーで一緒に課題をできる割合が増えていきます。くれぐれもトレーナーが焦って，他動的に押さえ込むようなことのないように注意します。

7．段階3と段階4での主な変化

(1) アイコンタクトの増加

　この段階での大きな変化は，トレーニーと通じている感じが増えることです。動作課題中や課題後にASD児は，指示に応じてうまくできたときに「トレーナーの先生は，どう思っているのかな。」といった具合に，トレーナーの顔色をうかがうようになり，アイコンタクトの回数が増加します。また，さまざまな場面で顔色をうかがうような行動(社会的参照)が増えていきます。例えば，身振りを使った要求行動や言葉を使った要求言語行動が増えるのですが，その際の支援者とのアイコンタクトの回数も増えます。

　これは，ASD傾向の幼児の例ですが，セッションを重ねるにつれてお母さんの目を見て，驚いたときに「びっくりしたねぇ。」や夜空を見たときに「暗いねぇ。」と共感的な言葉が増えたなどの報告（干川・関屋, 2021）もありました。

(2) 接近（かまってちょうだい）の機能をもつ行動の増加

「からかい行動」は，ASD児にとって劇的な発達的変化であると述べましたが，人への興味関心は接近（かまってちょうだい）としての機能の行動を引き起こします。日常生活では，わざとやってはいけないことをして，保護者の顔色をうかがうような行動が出現します。これに対して，思わず叱ったり反応してしまうと接近の機能を持つ不適切な行動を強化することにつながり

ます。ある ASD 児は，動作法で「からかい行動」が出現したときに，日常生活でも接近としての行動が出現しました。具体的には，台所で小麦粉の入れ物をひっくり返して，母親が叱るのを待つような行動が出現しました。

　不適切な行動に対しては，ABA の対応が必要になります。先ほどの例では，まずは先行刺激の操作として小麦粉の入れ物を子どもの手の届かないところに置きます。後続刺激の操作として，ASD 児が不適切な行動をしたときになるべく反応をしないようにします。具体的には，不適切な行動が生じても視線を合わせないようにしたり，その部屋から出て関わらないようにします。その一方で，要求行動として手を二回たたいて好きな遊びを「やって」と伝えたり，言葉で「やって」と言えたきには「一本橋」を行うなど，ルールに沿った適切な代替行動を習得させることで，それと同じ接近の機能の不適切な行動を減少させることができます。DHIP でも，動作法によって身体を通じたやりとりが改善し，要求言語行動が増えるにつれて不適切な行動が減少したケースがありました（古閑・干川, 2021）。

(3) 共同注意の開始（IJA）の増加

　ASD の子どもが，親の指差しや視線の変化に反応できるけれども，指差して他者の注意を引いたり，物を他者に見せようとするなどの共同注意の開始（Initiation of Joint Attention; IJA）が少ないことが指摘されています（Bruinsma, Koegel, & Koegel, 2004）。

　DHIP では，要求言語行動を形成する中で，二語文で要求できるようになった ASD 児には，支援者がわざとよそ見をしているときに「せんせい！」と言って相手の注意を一度自分に向かせてから「○○を下さい。」と要求を出す練習をします。その練習の結果，ある ASD 児は DHIP 以外の教室の授業場面で，友だちにトントンと合図して紙芝居を指さしたり，担任の先生の名前を呼んで担任教師の視線を向けさせたりするなど IJA の増加が報告されています（古閑・干川, 2021）。

8．段階5（共動作段階）への対応

　段階5のASD児は，上手に課題を遂行することができ，トレーナーの言葉の指示に応じて自ら課題姿勢をとったり課題動作に取り組むなど，コミュニケーションの問題はほとんどなくなります。この段階での課題は，肢体不自由と同様に自分で動かしづらかったり緊張があったりする部分を探して，それを動かし弛めたりすることになります。また，ASD児の中には（特に受動型），トレーナーの意図を先読みして動かしていたり，弛める課題なのに力を入れて頑張ってしまう子どもがいます。四六時中，周囲の人の意図に合わせようとしていると，知らないうちにストレスがたまってしまいます。

　多くのASDの人の場合，この段階になると動作法から離れていきますが，筆者はこの段階にある人でも動作法としてさらなる課題を設定できると考えます。まず一つは，トレーナーとトレーニーの共動作体験として援助の程度を変更することができます。具体的には，トレーナーの援助とトレーニーの主体的な動きを5：5として，共動作を試みることがあります。これと対比するために，トレーナーの援助とトレーニーの動きの比率をトレーナー主導の7：3で実施するときと，トレーニー主体の3：7で実施することを試みます。動作課題に慣れてくることで，ASDの人でもこのような動作課題にトレーナーと相談しながら取り組むことができます。また一緒に動作課題を実施することで，身体を通じたやりとりの面白さを体験することがあります。トレーニーの中には，動作課題について理解を示し，特に躯幹のひねり課題のようなリラクセーション課題のトレーナーとトレーニーの役割を交代しながら実施していた例もたけのこ会ではありました。これは，定型発達で指摘されている「役割交代模倣」と呼べるかも知れません。

　先読みして力を入れたり頑張ってしまうASDの人の場合には，お任せ脱力したままで一緒に動かす体験をします。例えば，腕あげ動作課題の際に，トレーニーはトレーナーに腕を任せて脱力した状態で一緒に腕を動かす練習をします。脱力できているかは，トレーナーがトレーニーの腕を離したときに重力方向に落下するかどうかで判断できます。周囲に気を遣わなくても良いことと，脱力すると気持ちも楽になることを伝えられたらと思います。

9．段階6 （日常生活での活用）への対応

　段階6では，動作法は健康増進法や心理療法的な機能を果たすことになります。まず，健康増進法の機能として，日常生活での不当緊張を処理するために動作法を活用することが考えられます。例えば，日ごろ仕事で同じ姿勢で作業を続けている ASD の人は，月例会で十分にリラックスすることで気持ちが楽になるために，動作法を要求してきました。また，ASD の人も思春期で急に身長が伸びてきたりスポーツをしていたりすると，20 歳を過ぎた頃から股関節周りの緊張が強くなってきます。あるいは，股関節の引けや猫背など，姿勢が以前よりも悪くなる場合があります。このため，20 歳を過ぎた頃から，股関節周りや肩周りの緊張が強くなっていないかを確認し，慢性緊張があればその緊張を弛めるように援助します。

　もう一つは，ストレスマネジメント教育として動作法を用いる場合があります。この段階の ASD 児は動作課題には取り組めているのですが，日常生活の中で，例えば人前で発表するときに緊張してうまく発表できなかったり，周囲の友だちからいろいろと言われて身体が固まってしまうなどの行動があります。あるいは逆に，人前でもふにゃふにゃしていたり，独り言を言ったり鼻歌を歌ったりなど，状況に合った緊張感で臨めない子もいます。多くの場合，ASD だから状況に対応できなくても仕方ないとして，具体的な手立ては何にもされていません。

　そこで DHIP では，ストレスマネジメント教育として，座位での肩の上げ下ろし課題をトレーナーの援助の元で実施し，日常で一人でリラックスできるように練習します。苦手な場面で固まってしまって動けなくなってしまう ASD 児に動作法として肩の上下の動き課題を教えたところ，自分でストレス場面にあったときに肩を上下に動かして，身体が固まらないようになりました。また，幼稚園での放課後の遊びの際に，少しのトラブルでもイライラしてすぐに大声で泣きだしてしまう ASD 児には保護者に肩の上下の動き課題のやり方を教えたところ，保護者が肩の上下の動き課題をすると「魔法にかかっちゃった。」と言いながら，対象児は大声で泣くことがなくなりました。

第3章　動作法以外の活動の実際

1．キャッチボールでのやりとり

　キャッチボールは，ボールを介してトレーニーとトレーナーがやりとりを行うことにより，意図を持つ行為主体として他者理解を促すことができます。キャッチボールでのやりとりは他者理解を促す方法として考えられますが，DHIP は動作法のやりとりの変化に伴ってやりとりの広がりを評価する方法としてキャッチボールでのやりとりを用いてきました。

(1)　やりとりの不成立な段階

　名前を呼び，注意をトレーナーに向かせてからボールを投げるのですが，この段階の ASD 児は，トレーナーに注意を向けることができなかったり，他方に注意を向けていて転がってきたボールを無視した形になります。また ASD 児は，投げ返すように指示してもその指示に応じて投げ返すことができなかったり，他の方向に投げてしまうのでやりとりが成立しません。

　この段階での対応として，ASD 児を援助するためのサブトレーナーが必要です。ボールを受けるときやボールを投げるときには，言葉の指示に加えて身体をガイドすることによって，かろうじてやりとりに参加させることができます。最初の頃に ASD 児は，やりとりが成立しないのですが動作法でのやりとりの変化に伴って，キャッチボールの場面でも生きた行為主体としてのトレーナーに気づき，少しずつやりとりが成立するようになります。

(2)　他者を意識していないやりとりの段階

　前段階でサブトレーナーの支援によってボールでのやりとりを繰り返していると，サブトレーナーの援助がなくても２，３回ラリーが続くようになります。DHIP では動作法と同様に，例えば３回と決めたら決められた回数

だけボールでのやりとりを繰り返し，それが終わると立ち上がってしまうことがあります。

　トレーナーは，トレーニーがトレーナーに向けてボールを投げ返した時には，即座に「良いですよ。」「上手，上手。」など声かけによってその行動を社会的に強化するようにします。

(3) 他者を意識したやりとりの段階

　トレーニーがトレーナーを意識したやりとりが成立しているかを見るためには，①アイコンタクトの回数の増加と②からかい行動の出現の観点から評価します。

　①のアイコンタクトの増加は，トレーナーが投げようと呼名したときにトレーナーの方に顔を向けたり，トレーニーに投げ返すときにトレーナーの方を向くなど，キャッチボールのやりとりの過程の中で，トレーナーの顔色をうかがうかのように，アイコンタクトの回数が増えることが報告されています。②のからかい行動の出現は，トレーナーと違う方向にボールを投げてトレーニーが笑っていたり，投げた後にトレーナーの顔色をうかがったりしていることから，この段階にあるかどうかを判断することができます。

(4) 要求言語行動の形成の段階

　他者を意識したやりとりの段階を過ぎたら，さらに言葉でのやりとりを加

大きいの（を）下さい　　　　　小さいの（を）下さい

図5　キャッチボールでのやりとり（要求言語行動の形成）の様子

えて「大きいの（を）下さい。」「小さいの（を）下さい。」など言葉で伝えるように促します。図5に示したように、「大きいの（を）下さい。」として言葉で要求を伝えることができたら、ボールを天井に向けてフライになるように投げ返します。「小さいの（を）下さい。」と要求を伝えることができたら、ボールを床に転がすように返します。

2．要求言語行動の形成

　要求言語行動の形成では、まず、本人の好きなものや活動を見つけることから始めます。くすぐりが好きなASD児の場合には、「一本橋」などの身体を通じた情動的交流遊びを強化子とすることで、要求言語行動を形成することができます。お菓子が好きな子の場合には、おやつの時間を設定しお菓子を強化子にすることによって行動を形成します。歌を聴いたりタブレットでの動画の視聴が好きな子の場合には、途中で切れてしまうように設定された歌や動画を再度視聴することを強化子として設定することができます。

　言葉のない子どもの場合には、例えば、手のひらを上に向けて2回手を叩くという合図を決めておいて、行動が生起したら強化子が手に入ることによって、その行動を形成します。まずは、身振りサインに言葉を合わせて要求する行動を形成し、次第に身振りサインがなく言葉だけで要求ができるようにします。言葉で要求を伝えることは、手がふさがっていても要求を伝えられるのでコストが安く済みます。ASD児がそのことに早く気づいてくれると、言葉で伝えられるようになります。音声言語を持たないASD児の場合には、音声出力コミュニケーション補助装置（Voice Output Communication Aids：VOCA）を用いて、スイッチを押すことで、音声で要求することができます。最近では、タブレットやスマホでVOCAと同様の機能をもつアプリもありますので、身近にある装置を利用して音声で要求を伝えることもできます。

　音声の発語が伴うASD児の場合には、「やって」「ちょうだい」と言葉で要求した行動に強化子を随伴させることにより、その行動を形成します。言葉で伝えられるようにするためには、プロンプト・フェイディング法を用いてより明確に言葉で要求を伝えられるようにします。まず、モデルを模倣す

るところから，最初の音をプロンプトとして提示する，なあにをプロンプトとして発声を促すなど，プロンプトを次第に減らすことによって行動を形成していきます。

また，「やって」「ちょうだい」など一語文で要求できるようになったら，「○○を下さい。」などの二語文の形で要求できるようにします。具体的な手立ては，これまでと同様にプロンプト・フェイディング法を用います。プロンプトの量を次第に減らしていき，標的行動としている二語文で要求することで欲しい物や活動が手に入ることがわかると，自発的に二語文で要求するようになります。

二語文の要求は，例えばいくつかのお菓子の中から自分の好きなお菓子を選択することになるので，「自己選択」「自己決定」の体験へとつながります。例えば，おいしそうと思って選んだお菓子が，実際に食べてみたところ思ったような味ではなく，違うお菓子の方がよかったとしても自分が選択したものは，最後まで食べることを伝えることによって「自己責任」を年少の段階から体験することにつながります。

二語文で要求できるようになったら，トレーナーがわざと注意を反らしている場面を設定して，「せんせい，○○を下さい。」のように一度トレーナーの注意を自分に向けさせてから，二語文で要求する練習をします。

(1) 情動的交流遊び

くすぐり遊びに反応する ASD 児の場合には，言葉で要求を伝えた結果として「一本橋」などの情動的交流遊びを強化子とすることで，要求言語行動を形成できます。トレーナーの支援手続きとして，プロンプト・フェイディング法を用いて徐々にプロンプトがなくても ASD 児が自発的に要求できるようにします。

(2) 音楽や DVD の視聴

ASD 児の中には，音楽や動画の視聴が好きな子がいます。このように好きなものがみつかると，それを強化子として設定することによって要求言語行動を形成できます。最近ではタブレットを使って音楽や動画を視聴することができます。そこで，例えば 30 秒過ぎると画面が暗転してロック解除画面

に切り替わるように設定しておきます。暗転してしまったときに、トレーナーに対して自発的に「やって」「つけて」と要求してロックを解除してもらわないと続きの音楽や動画を視聴することができないように設定します。好きな音楽や動画を視聴するという強化子によって、要求言語行動を形成することができます。

(3) おやつ場面

ASD 児の中には、くすぐり遊びや音楽や動画に対してほとんど興味を示さないのですが、好きなお菓子に反応する子がいます。また、他の場面での要求言語行動の形成に加えて、おやつ場面でも要求言語行動の形成を行う場合があります。その場合に学校教育の場面では難しいかも知れませんが、教育相談などの場面では活動の最後におやつ場面を設定しておいて、活動全体へのご褒美になるような流れにする場合が多いです。

おやつ場面では、「ちょうだい」と一語文で要求することもありますが、多くの場合に二つのお菓子の中から自分の好きなお菓子を選択させるために「○○をちょうだい」と二語文で要求させることがあります。これによって自己選択を年少の時から経験させることは、自立という観点から見ても大切な活動として位置づけることができます。

おやつ場面では、保護者の方に子どもの好きなお菓子を用意していただいて、その中からお菓子を選択して要求するようにさせています。保護者にもおやつ場面に参加してもらうと、「次はこのお菓子が良いかも。」と保護者にわが子の反応に興味をもってもらえるので、支援者は保護者と一緒に相談しながら進めることができます。

3．共同行為ルーティン

言葉でのやりとりが可能な ASD 児の場合には、状況に合わせて自発的に発言できることを目指して、共同行為ルーティン（お店屋さんごっこ）を実施します。

共同行為ルーティンについて関戸（2001）は、あいさつ語の自発的表出に困難を示す自閉症児に買い物ルーティンを用いて支援を行ったところ、あい

さつ語の自発が可能となり，さらに「出かける」「帰宅する」「物をもらう」という3つの場面の文脈の理解が可能になったことを報告しています。このように例えばお店屋さんの場面では，お客役と店員役の台詞を用意することができ，役割を交代しながら台詞を言うことで，状況や場面にあった言葉を自発的に使えるようになることを目指します。

　共同行為ルーティンの場合でもこれまでと同様に，ASD児が行動を形成するためにプロンプト・フェイディング法を用いて自発的に台詞を言えるように援助します。場面設定の工夫として，店員役のときにはエプロンや帽子を用意し，店員であることが見た目からもわかるようにします。さらに，お店に買い物かごや商品（おもちゃのやさいやくだもの），おもちゃのレジスターなどの小道具を用意して，買い物の場面を設定することで，より役割を演じやすいように場面の設定をします。

図6　共同行為ルーティン（お店屋さんごっこ）の様子

エビデンスに基づいた実践のために

　特別支援教育で用心しなければならないのは，支援方法がいつの間にか目標に置き換わってしまうことです。その背景には保護者の思いがあります。障害のある子どもの保護者は，少しでも子どもが良くなればと，わらをもつかむ思いから，いろんな相談機関を受診します。その中で，少しでも状態が良くなると，わが子にはこの方法しかないと思い込み，新興宗教のようにその方法のみを信じます。そのことで学校に入学したときにその方法を学校で実施することを求めて学校とトラブルになることがあります (干川, 2023b)。

　そうならないようにするためには，支援方法による効果を実証的に検証して，どの部分にどの程度の効果があったかどうかをエビデンスに基づいて判断する必要があります。具体的には，エビデンスに基づいた実践として一事例の実験計画法に基づいて支援の前後の変化を数値化して，誰にも分かりやすい形で伝えることが求められています。

(1) 標的行動を決める

　まず支援による変化として，どの行動を評価対象とするかを決めます。支援の場面でやりとりの様子を動画で撮影し分析することによって，指示に合わせた身体の動き，アイコンタクトの回数，起き上がろうとした回数などを数えることができます。このときに「主体的な動きの回数」「人への関わり方の変化」のような抽象的なものを標的行動としてしまうと，数えることができず支援の前後での変化を評価できません。まず，支援の効果の指標となる標的行動が何かを定義し，その基準を理解すればいずれの観察者によっても数えられるものかどうかがポイントになります。

(2) 行動を数える

　ここでは，Alberto & Troutman（1999）に基づき，以下の方法で行動を数えます。

ア．事象記録法

事象記録法は，観察期間中に生じた行動の総頻度を記録する方法です。例えば，1セッションで生じたアイコンタクトの回数を数えることで行動の頻度を把握することができます。ある行動の回数を数えるのであれば，事象記録法は便利です。

イ．インターバル記録法

　インターバル記録法では，一つ一つの行動の回数ではなく行動が出現したインターバルの数を数えます。例えば，腕あげ動作課題を，①腕を上げ始めるまで，②腕を上げ始めてから90度の位置まで，③90度の位置から手が頭の上の床に着くまで，④床に手が着いてから10秒間，のように4分割し，その区間の間で1回でも100回でもアイコンタクトが生じたらそのインターバルはアイコンタクト有として評価します。これが往復であったり片側3回ずつであったり，インターバルの回数や発生頻度を数値化することができます。やりとりを動画で撮影しておいて後で分析するときには，インターバル記録法は便利です。

ウ．時間サンプリング法

　時間サンプリング法は，標的行動が各インターバルの最後に出現したかどうかを記録します。例えば，10分間の時間サンプリングであれば，ちょうど10分00秒の時にその標的行動があったかなかったかを記録し，その回数を数えます。

(3) ベースラインを記録する

　ベースラインは，支援の効果を比較するための基準となります。教育相談などの場面で，相談に来られた人に対して何も支援しないで帰すのは心苦しいのですが，支援の効果を実証するためにベースラインが必要なことを保護者に十分に説明して理解してもらうことでベースラインを測定します。ベースラインは，何も支援しないときの対象児の変化を測定することになります。

　筆者は，以前に動作法とABAに詳しい先生から「動作法は指示に従わせる訓練ではなく，自発的な人への関わりを促すものでは。」との指摘を受けたことがありました。そこで，ベースラインとして何もしない5分間の場面を設定しました。これは，教室やプレイルームの中に対象児と支援者（必要なら動画の撮影者）以外は誰もいない場面を設定します。そのときに，対象児

がどの程度自分から支援者にかかわったかどうかを，事象記録法を用いてその回数を数えることによって，「自発的な人への関わり」の評価を行いました。支援の最後に何もしない5分間を設定して動画を撮影して分析することにより，対象児の「自発的な人への関わりの変化」について実証的に検討することができました（干川, 1995）。

(4) アイコンタクトの回数を測定する工夫

　共同注意行動の変化を実証するための手立ては，アイコンタクトの回数を数えることです。しかし，ASD の場合に，ちらっと見るだけで状況を把握することができるなど，アイコンタクトが生じたかどうかを数えるのが難しい場合があります。そこで筆者は，例えば腕あげ動作課題の途中でアイコンタクトの回数を数えるために，トレーナーの頭の後方からトレーニーの顔や腕の動きを撮影しています。またトレーナーはアイコンタクトが生じたら「目が合ったね。」などできるだけ外言化します。そうすることで，動画を分析するときにアイコンタクトの回数を正確に数えることができます。また，2人の評価者によって映像を独立に評価し，その評価の一致率を算出することで評価の客観性をより保証することができます。

　このように，DHIP では適切な指標を用いて数値化することでエビデンスに基づいた実践を行っています。

図7　アイコンタクトの回数を測定する工夫

Ⅱ　理論編

第4章　共有された意図性の発達

1．共有された意図性とは何か？

(1)　なぜ共有された意図性に注目したのか？

　DHIP は，主に ASD の幼児や小学部低学年の児童など年齢が小さいために言葉や物でのやりとりが難しい子どもや，こだわりが強かったり知的障害を併せもっているために言葉や物でのやりとりが難しい人を対象としてきました。ASD の成人に動作法を適用したところ，幼児と類似した発達過程をたどりました。

　振り返ってみると DHIP が支援の対象としているのは，定型発達児の生後9 ヵ月の共同注意行動の出現時期から 18 ヵ月の頃の，言語によるコミュニケーションが活発化するまでの約1年の間に通過してしまう期間の行動になります。そこで筆者は，共同注意行動とその前後の発達を含む共有された意図性の発達（Tomasello et al., 2005）に注目しました。

　Tomasello（2019）は，類人猿（チンパンジーやオラウータン）と乳幼児に様々な発達心理の課題を実施し，人間の独自性として共有された意図性の観点から考察を行ってきました。その結論として，類人猿や ASD の子どもが目標を理解しているけれども，共有された意図性を伴う活動に参加していないと論じています（Tomasello et al., 2005）。したがって，この期間に起きている共有された意図性の発達を理解し，それに対して適切な働きかけを実施することができれば，ASD の社会性の問題を改善することもできるに違いありません。

　特に，DHIP の中心に位置づけられている動作法が，共有された意図性の発達を促していることを説明できれば，ASD の人にとって動作法の中で生じているやりとりの意味を明らかに示すことができるでしょう。

(2) 共有された意図性とは何か？

　Tomasello et al.（2005）は，共有された意図性について「参加者が共有された目標（共有された関与）と，その共有された目標を追求するために調整された行為の役割をもっている協力的な相互作用を指す。」と定義しています。また，Tomasello（2019）は，共有された意図性理論は，「主にライフコースを通じて個人が関わる社会文化的な活動の独特な形態という観点から，人間特有の心理を説明する。」と述べています。したがって，共有された意図性は，人間独自の発達過程であると理解できます。

２．共有された意図性の発達段階

　Tomasello et al.（2005）は，意図の理解と共有について，次の３つの段階を想定しました。それは，①二者間の関与（行動と感情の共有），②三者間の関与（目標と知覚の共有），③協力的関与（共同意図と共同注意）です。①として，乳児は他者を生きている行為主体として理解し，感情を共有し，相互に応答します。②として，生後９ヵ月の乳児は，他者を目標志向の行為主体として理解しているため，目標を共有し三者間でのやりとりを行います。③として，14ヵ月の子どもは，他者を意図的な行為主体として理解し，意図（および注意）を共有し，協力して関与します（アクションプランの調整）。

(1) 二者間の関与（行動と感情の共有）

　生後９ヵ月以降の共同注意の出現を理解するためには，それ以前の乳幼児期のやりとりに注目する必要があります。Trevarthen（1979）は，乳児の母親とのやりとりを観察して母子間の相互作用が，概してコミュニケーション的で相互的な話者交替構造から原会話 proto-conversation と呼びました。ここでは，参加者の互いの感情表現には一種の交代があります。例えば，母親が乳児にほほえんで笑いかけると，乳児は受け身的になり，次に母親が止めると乳児は母親に向かってほほえんで笑い始めるというやりとりがしばらく繰り返されます（図８の二者間の関与）。Stern（1985）は，原会話の中で乳児と母親が，時には異なる手段を用いながらも互いの感情の強さや誘発性を反映し合う「感情同調」のようなものが交互に起こると記していました。ま

た，相互作用のタイミングが乱れると混乱するなど，乳児が相互作用そのものを知覚していることも実証されています（Murray and Trevarthen, 1985）。

Tomasello（2019）は類人猿に比較して，人間の乳児が肯定的な感情を合わせ共有することによって大人と社会的に結びつくことから，原会話を共有された意図性のための基盤となる感情基盤 emotional substrate として考えることができると指摘しました。

ASD 児が他者との感情の認識，理解，共有に特別な問題を抱えており，そのため原会話に従事していないという多くの証拠が Hobson（2007）によって提供されています。Hobson, Outon, and Lee（1989）は，同一人物が喜び，悲しみ，怒り，恐れ，驚き，嫌悪をそれぞれ表現した顔写真と音声テープからの音とのマッチング課題を実施しました。その結果，ASD 児の4分の3は，感情判断に困難を抱えていました。また，Hobson（2007）は，感情を表現するドットディスプレイを ASD 児に示しましたが，13 人の ASD の被験者のうち 10 人は，感情状態に言及することのなかった知見を紹介しています。これらの結果を踏まえて，Hobson（2007）は，ASD 児が他者と感情的につながる能力に問題があり，ASD の中核障害は対人関係における感情面の障害であると結論づけています。

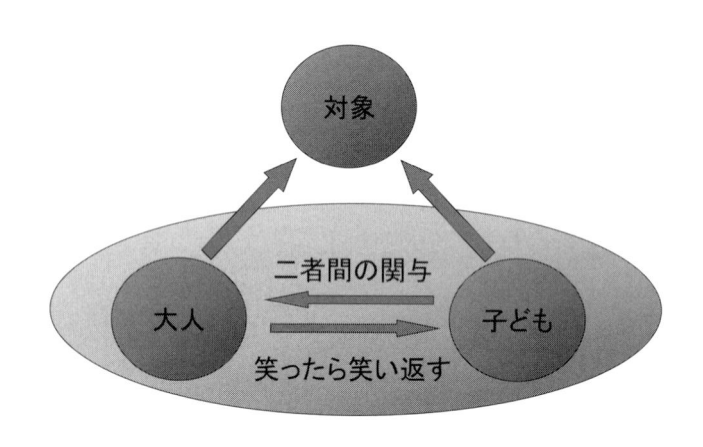

図8　乳児の9ヵ月革命（二項関係から三項関係へ）

(2) 三者間の関与（目標と知覚の共有）

　生後9ヵ月になると乳児は図8に示したように，それまでの原会話の二者間の関与から，人や物との三項関係で関わり始める共同注意行動が出現します（Tomasello, 2019）。Tomasello（2019）は，9ヵ月革命といった用語を用いて共同注意の開始の劇的な変化を表現しました。共同注意は，それが出現する前のさまざまな発達メカニズムに重要な基礎をおくとともに，その後身（postcursor；Tomasello, 1995）としての「心の理論」や言語獲得などといった発達に決定的な影響を与えると考えられます（大神, 2008）。

　共同注意は，視線や指差しを手段として相手と同じものを見る現象として理解されがちです（大神, 2008）が，共同注意の発達的な変化を引き起こす，あるいは共同注意の発達により引き起こされる変化を含む共有された意図性として乳児の心理メカニズムに焦点があたるようになってきました（Tomasello, Carpenter, Call, Behne, & Moll, 2005; Tomasello, 2014, 2019）。Tomasello（2014）は，共同注意を，大きな音に二人が引きつけられて，それが相手の注意も引きつけているに違いないと二人が知っているようなボトムアップ型に対して，共同注意が，他者と現実を共有するための最も具体的な方法であり共同活動の中にあり，それによって乳児が共通の概念的基盤を作るトップダウン型のものとして位置づけています。具体的には，共同注意の開始と同時期に発達する①共有された目標（Tomasello et al., 2005）と②視点の調整（Tomasello, 2019）です。①と②の背景にあるものは，共同注意が社会的再帰的推論 socially recursive inference を持っていることです

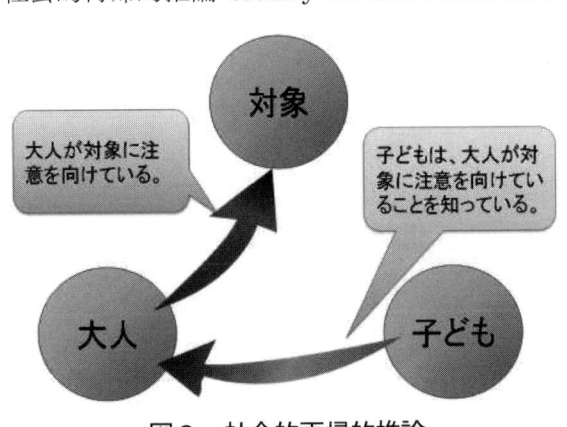

（Tomasello, 2019）。Tomasello（2019）によれば，社会的再帰的推論とは，個人がある意図や精神状態を別の意図や精神状態の中に概念的に埋め込むことです。具体的には，乳児は社会的再帰的推論とし

図9　社会的再帰的推論

て対象への大人の注意だけでなく，対象への自身の注意に対する大人の注意，対象の大人の注意に対する自身の注意の大人の注意にも注意を向けています（図 9，図 10）。このように共同注意の根本的な構造が，二人が同じものに注意を向けていることを一緒に知っていることを意味しているのであり，それは経験を共有することでもあります（図 11）。

　共有された目標について，Tomasello et al.（2005）は，Ross and Lollis（1987）が生後約 9 ヵ月から，乳児は抵抗する大人を共同活動に再び参加させるために，物を渡す，共同のゲームで遊びつづけるための気を引こうと身振りを示すなど，さまざまな行動を行うことから，一緒に活動に従事する目標（共有された目標）の存在を示唆しました。類人猿に比べて人間が大きく異なるところは，協力的な活動を支えるのに必要な共同目標を持ちながら個々の役割を果たすという二重レベルの認知モデル（Tomasello, 2014）をもっていることです。視点の調整について，Tomasello は，協

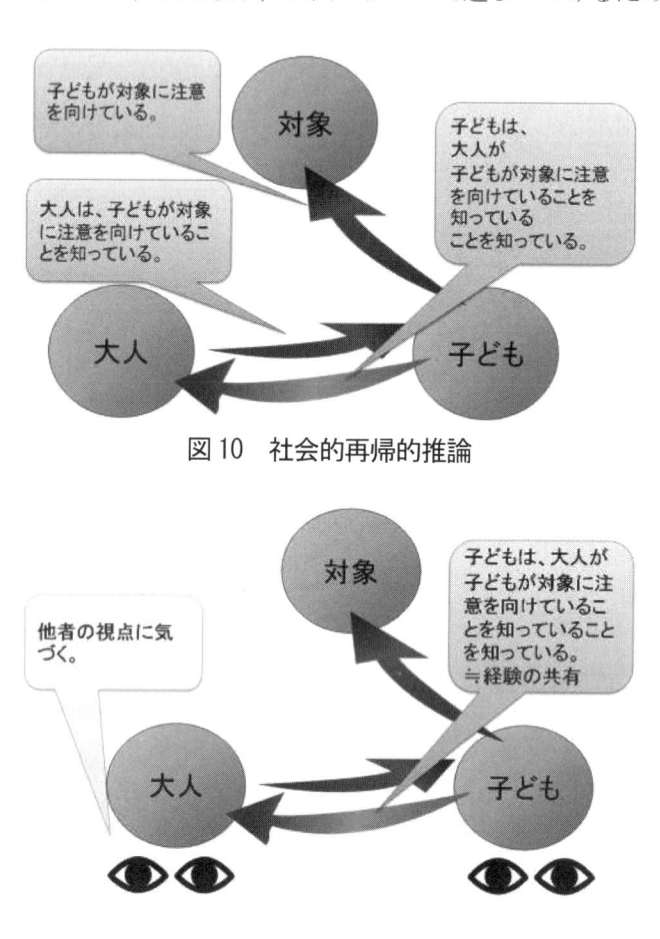

図 10　社会的再帰的推論

図 11　社会的再帰的推論（視点を合わせる）

58

力的なパートナーがそれぞれ自分の役割を持っているように，共同注意に参加するパートナーは，それぞれ自身の視点を持っており，相手も同様に自身の視点を持っていることを知っています。

　ASD の三者間の関与としての共同注意の障害は，枚挙にいとまがありません。Tomasello et al.（2005）は，ASD 児は協力的な共同注意をほとんど示さず，対象を宣言的に指し示したり表示したりすることによる他者との共同注意の勧誘をほとんど開始せず，自閉症の子どもの動機づけの欠如を明確に示していると述べています。

(3) 協力的関与（共同意図と共同注意）

　協力的関与は，他者を意図的な行為主体として理解し，意図（および注意）を共有し，協力して関与する（アクションプランの調整）段階です。具体的な例示として，Tomasello et al.（2005）は，Gergely, Bekkering, and Kiraly（2002）の研究を紹介しています。生後 14 ヵ月の乳児は，図 12 に示したようにライトを点けるために机の箱の上部に頭を触れている大人を示されました。乳児の半数には，この行動中に大人の手が占有されたものを，残りの半分の乳児には，大人の手が自由なものが示されました。手が自由な様子を見た乳児は手が埋まっている様子を見た乳児よりも，手が自由なのに頭を使っているのは正当な理由があるに違いないと思い，頻繁に腰をかがめて箱に頭で触れました。この結果から，生後 14 ヵ月以降になると幼児は，ライトを点

図 12 Gergely, Bekkering, & Kiraly（2002）が用いた実験状況

けるという目標を追跡するために状況に合わせて，頭でなく手で押すという
アクションプランを調整したと考えることができます。

　また，Carpenter et al.（2005）は，子どもがおもちゃを置くときに大人が
バスケットを差し出すとうい状況を設定しました。子どもが従った後に，大
人はバスケットを子どもの前に置き，おもちゃを自分で持ちました。その結
果，12 ヵ月の子どもの何人か，18 ヵ月の子どもの多くが，大人のためにバ
スケットを指し出し，何か入れることを期待して大人に目を向けました。つ
まりこの段階の乳児は，一つの役割の後に他の役割を行うという役割逆転模
倣と呼ばれる役割の交換を理解していたのです。

　協力的関与の段階での ASD 児について，仲間との協力的遊びは比較的少
なく，一般に他者との協力がないことから，Tomasello et al.（2005）は，ASD
児には役割の逆転や他者の役割の支援の証拠はほとんどないと結論づけてい
ます。平均の精神年齢が26 ヵ月のASD 児を対象にして Gergely et al.（2002）
の研究を追試した Somogyi et al.（2013）が，低機能の ASD 児がモデルの
意図に関係なく実験者を正確に模倣して，頭でスイッチを押したことを報告
していることから，ASD 児の協力的関与の困難さが示唆されます。

3．意図性に関するこれまでの研究

(1) 乳幼児を対象にした意図性に関する研究

　乳幼児がいつ頃から他者の意図を理解できるかについて調べた研究とし
て，Meltzoff（1995）の研究があります。

　Meltzoff は，大人のモデルが行為の途中で失敗するモデルを示したときに，
18 ヵ月の乳児が模倣を成功するか否かによって，乳児の他者の意図の理解に
ついて検討しました。大人は，図13 のような道具を用いて，わざと失敗する
ところを見せました（この場合は，ピンに輪を通すところをわざとピンの手
前に落として失敗してみせます）。その後，乳児はその行為を再現する行為再
演課題が行われました。18 ヵ月の乳児は，大人が失敗した行為を成功するよ
うに再現することができました。このことから，Meltzoff は，18 ヵ月の乳児
は大人の意図を理解することができると結論づけました。

Aldridge et al.（2001）は，ジェスチャー模倣課題と Meltzoff の行為再演課題を自閉症の子どもたちと統制群に実施しました。自閉症群は，自閉スペクトラム症と診断された2歳2ヵ月から4歳2ヵ月の10人であり，対照群は5ヵ月3週から22ヵ月の正常発達児10名でした。ジェスチャー模倣課題として，(1)舌を出す，(2)片手で頭頂部を撫でる，(3)両手で耳を小刻みに動かすが実施されました。行動再演課題はMeltzoff（1995）の課題を用いました。引き離し課題，突起と輪課題（図13），円柱とビーズ課題でした。どの自閉症児もジェスチャー模倣課題では成功しませんでした。障害のない子どものうち，2人は3つの身振り模倣課題のうち1つを，3人は2つを，残りの1人（n=5）は3つすべての課題を成功しました。一方，意図の模倣（再演）課題に関しては，自閉症児のうち2名が1つの課題を，3名が2つの課題を，残りの1名（n=5）が3つすべての課題を成功しました。障害のない子どものうち，22ヵ月児だけが3つの再演課題をすべて成功しました。この結果について Aldridge et al.は，模倣ができることが他者意図理解を示すという一つの能力ではなく，複数のモジュールで構成されており，さらなる検討の必要性を指摘しました。

(2) チンパンジーの研究

Premack and Woodruff（1978）は，「チンパンジーは心の理論をもつか？」と題する論文で興味深い研究を報告しています。

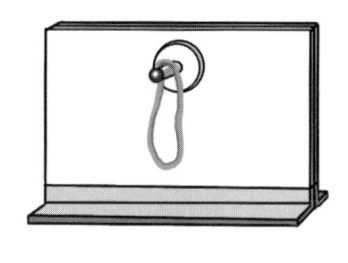

失敗したモデルを示す　　　　乳児は成功するか

図13　Meltzoff（1995）が用いた道具の例

Premack らは，大人のチンパンジーのサラに人間の役者 actor がさまざまな問題と格闘している一連の場面をビデオに撮ったものを見せました。例えば，バナナが手の届かないところ，箱の後ろにあるなど単純な問題もあれば，鍵のかかった檻から出られない，ヒーターが故障していて震えている，プレーヤーのプラグが抜けていて鳴らせないなど，複雑な問題もありました。それぞれのビデオ提示後に，サラには問題の解決策を含むいくつかの写真が渡されました。例えば，バナナが手に入らないときには棒を，閉じ込められた役者には鍵を，故障したヒーターには火のついた芯を，というように。その結果，チンパンジーのサラは複数の写真の中から一貫して問題解決策の正しい写真を選びました（図14）。この結果について，Premack らは，サラが正しい写真を選んだのは，ビデオが問題を表していると認識し，役者の目的を理解し，その目的に適合する選択肢を選んだと仮定すれば理解できると述べており，チンパンジーが心の理論を持つと結論づけました。

これに対して Wimmer and Perner（1983）は，心の理論の存在を証明する良い方法は，他者を欺く行為が理解できるかどうかを調べることであると指摘しています。つまり，欺かれる対象者の誤った考えを理解する必要があり，誤った考えを理解しているならば，相手の心の状態を理解していることになります。この指摘から，「アンとサリー」課題などの誤信念課題が実施されるようになり，ASD 児の心の理論欠陥説へと展開することになります（Baron-Cohen, Leslie, & Frith, 1985）。

図14　Premack & Woodruff（1978）の用いた実験状況の例

(3) 意図性とは何か？

Meltzoff の意図性や Premack らの心の理論に関する研究を振り返ると，チンパンジーや ASD 児でも他者の意図を理解していることになります。では，本当に ASD 児が他者の意図を理解しているのでしょうか。Meltzoff が意図性として表しているものすなわち，ASD 児やチンパンジーがクリアしているものは一体何だったのでしょうか。

ASD の人が不慣れで明確な目標のない行為を含む模倣課題でより正確性が低下することが顕著であることは，Vivanti and Hamilton（2014）によって指摘されています。Vivanti et al.は模倣には目標と手段の両方を模倣する必要があることを指摘しており，Meltzoff の課題で被験者は目標を模倣したことになります。また，Meltzoff で用いた課題は，課題の持つアフォーダンスによる影響が強いことも指摘されています（Somogyi et al. 2013）。Aldridge et al.（2001）の結果も踏まえると ASD 児は結果の模倣ができるけれども，意図を理解できたと結論づけるのは困難です。

同様に，Premack et al.（1978）のチンパンジーのサラも，オリと鍵をマッチングさせたことであり，オリに鍵を随伴することで学習が成立していたと指摘することが可能であり，心の状態を理解しているかを推測するには Wimmer and Perner（1983）が指摘しているように誤信念課題の実施が必要です。

したがって，一つの結論は Meltzoff が指摘した意図性とは，Tomasello のいう目標志向の行為主体の理解のことであったと結論づけられます。Tomasello によれば，類人猿や ASD の子どもは最終的な目標をもつ行為主体として他者を理解しています。しかし，意図をもつ行為主体として他者を理解できないことも指摘されています。

では，意図をもつ行為主体として理解するとはどういう状況でしょうか。それは，感情を共有することと，アクションプランを状況によって変更できること，さらにからかい行動の出現などから，対象者が意図をもつ行為主体として他者を理解していることを判断できます。

Tomasello（2019）の本の中で，類人猿と人間との狩りの違いが説明されています。類人猿は群れで獲物を追って狩りをします（図 15）。その場面では，ボスの指示に従って、狩りをするという目標を共有できていますが，意

図を共有していません。このため，状況に合わせて役割（アクションプラン）を変更することはできません。つまり，類人猿は，目標志向の行為主体として他者を理解していますが，意図をもつ行為主体として他者を理解していません。

　一方，人間の場合も，群れで獲物を追って狩りをします（図16）。しかし，人間が類人猿と大きく異なるところは，狩りをするという目標を共有し役割を分担している点です。つまり，人間は状況に合わせて役割（アクションプラン）を変更できます。あるいは，狩りの後に「今日は、あぶなかったね。」「今日の獲物は、おいしいね。」など感情を共有してると推測されます。したがって，人間は意図をもつ行為主体として他者を理解しています。

　共有された意図性理論が発表された後に，賛否にわたり様々な意見が出されています。反対意見の多くは，共有された意図性理論が類人猿と人間とを区別するためにあまりにも単純化しすぎているとの批判でした。具体的には，Tomasello の対象とした類人猿は実験に用いた個体に過ぎず，野生と文化化された類人猿の違いなどを考慮していない点などが指摘されています（Sauciuc & Persson, 2023）。例えば，Sauciuc et al.は，食物の共有はすべての類人猿種で記録されていることを指摘しています。Tomasello（2022）は，これらの指摘を受けて類人猿における食物共有や資源共有を認めつつも，他者と注意を共有しようとしていることや，目標を共有し共同の関与があること，さらに人間が他者と行動を協調している側面をより強調することにより，共有された意図性の考えを擁護しています。

　このように共有された意図性理論は，類人猿と人間との比較についてはさ

図15　類人猿の狩りの様子

図16　人間の狩りの様子

らなる検討が必要ですが，ASD の発達を考える上で整理しやすいことから，本書では共有された意図性の概念を用います。

4．共同注意行動の発達と心の理論の発達

Tomasello（2019）は，共同注意の発達と心の理論の発達について以下のようにまとめています。

(1) 共同注意行動の発達

共同注意行動について Tomasello は，成熟による影響を受けていると結論づけています。その根拠は，大人の行動の文化的な違いにもかかわらず乳児の共同注意スキルはどの文化圏でも同様の時期に発達していることを挙げています。つまり，乳児の結果には全体的に類似性があり，子どもの初期の共同注意スキルの個体発生において，かなり強い成熟的要素があると述べています。また，ASD の子どもたちは、共同注意スキルと動機づけにおける早期のかつ深刻な欠陥が記録されているとも指摘しています。

その一方で，Campos et al.（2000）は，ハイハイや歩行器などの自己産出的な移動経験が共同注意の発達に影響することを指摘しており，成熟説よりも経験説を支持しています。

(2) 心の理論の発達

Tomasello（2019）はこれまでの研究知見を踏まえて，心の理論は ASD によるよりもむしろ言語発達の影響を受けると結論づけています。その理由として Peterson and Siegel（1995）が、聴覚障害の子ども（従来の手話での経験の程度はさまざま）は、誤信念の理解が著しく遅れることを報告していることや，Pyers and Senghas（2009）が，従来の手話経験がほとんどないまま成長した聴覚障害者が大人になっても非言語的な誤信念課題に失敗するというケースを報告したことをあげています。

これらの知見は，誤信念課題を理解するようになるための正常な発達経路には，子どもが言語的コミュニケーションを経験する環境が必要であるという見解を支持するものです。

くすぐったい心理

　筆者は，障害のある子どもの集団療法の時に手遊びとして子どもたちをくすぐったことがありました。そのときに，くすぐられても全く反応しない子もいれば，触れただけでくすぐったがり，中には触れただけで泣き出してしまう子もいました。その経験からくすぐったい感覚に興味を持ちました。

　そこで大学生を被験者として実験室に来てもらい，あちこちとくすぐったのですが，ほとんどの大学生が触覚の実験と思い，くすぐったくなかったと報告しました。どうしたら，日常で感じているくすぐったい感覚を研究として再現できるかを考えた結果，まず場所をなるべく実験室っぽくない場所にしました。当時の大学では，障害児の保護者の宿泊用の和室があったので，被験者にその部屋に来てもらって実験をすることにしました。被験者もまったく知らない人にくすぐられてもくすぐったくないことから，実験者と仲の良い友だちに来てもらうようにしました。さらに，先行刺激として日常でくすぐっているときのように指を動かして「こちょこちょこちょ」と言いながら実験者が被験者に接近することによって，やっとくすぐったい感覚を実験的に再現することができました（Hoshikawa, 1991）。

　ASD 児の中には，人から触れられることを嫌がる子どもがいます。保護者も医者から触覚防衛が強いからと言われたと言います。くすぐったい感覚の実験の被験者はいずれも大学生でしたが，くすぐったい感覚を再現する中でわかったことは，くすぐったい感覚は単なる触覚の問題ではなく，むしろくすぐったい感覚の先行刺激が大きな影響を及ぼしているということです。友だちとふざけてくすぐり合う場面と知らない人に突然触れられる場面では，先行刺激は大きく異なります。

　この結果から，ASD 児が触られることに過剰に反応するのは，その先行刺激を理解できないためと推測することができます。したがって，くすぐったい感覚は，触覚の問題というよりも ASD 児にその時の状況の認知や先行刺激の理解が重要であると結論づけられます。

第5章　共有された意図性の観点からみた動作法

　ASD の人が発達の初期に，外界とのやりとりをどのように捉えて，どのような困難を生じていたかについては実証できる研究はほとんどありません。佐藤・櫻井（2010）は，ドナウイリアムズの手記を分析することによって，ASD の人の自己内界に迫り，自己の特徴と自己概念獲得の様相を探索的に明らかにしようとしました。それによると，ASD の人が自我境界が曖昧でさまざまな外的刺激が侵入しやすいこと，あるいは自分自身を外部に拡張しやすいこと，自己の身体イメージをもてないこと，変化の中で一貫した人格を保つことが困難である，といった特徴が抽出されています。DHIP で顕著な共同注意の発達の変化を生じたことから，DHIP の中には，佐藤・櫻井（2010）の指摘している困難さを補う発達援助法としての側面があるに違いありません。

　DHIP の動作法による身体を通じたやりとりが ASD 児の社会性の発達を促す理由の一つは，動作法が ASD 児の発達段階に合わせた適切な課題を設定できることです。筆者はこれまで，発達援助法としての動作法は ASD の発達の段階によってその機能が異なることを主張してきました（干川, 2007; 2016）。この節では共有された意図性の観点から，動作法でのやりとりについて詳細に検討することにしました。検討に当たっては干川（2016）の「動作法の機能からみた自閉症の子どもの発達段階」と田中（2020）のレビューを参考にしました。この検討を通じて，DHIP での動作法のやりとりは，ASD 児の社会性を含めたすべての発達の基盤として位置づけられるでしょう。

1．他者の受容段階

　共有された意図性の発達段階では，やりとりの初期段階については触れていませんが，この段階は二者間の関与の前段階に位置づけられます。干川（2016）は，動作法の機能からみた発達段階の段階1を他者の受容段階（触

れられることへの快体験）としています。この段階の ASD 児は，人から触れられることを嫌がり，身体を通じたやりとりができません（言葉や物を介したやりとりも難しいです）。この段階の ASD 児に対して「とけあう体験」（今野, 1997）が有効です。なぜ，とけあう体験が有効なのでしょうか。

　ASD 児からみたときに，それまで経験した身体を通じたやりとりは，日常生活の行動を行う際に身体ガイドとして用いられる場合が多かったのではないでしょうか。例えば，服の着脱衣や歯磨きや洗面，移動など，本人の意志と関係なく他動的な援助を受けなければならず，その経験の積み重ねとして ASD 児にとって身体的な働きかけは他者からの侵襲であり，それに対して構えてしまっていたことが推測されます。とけあう体験は，例えば手のとけあいであれば，援助者としてのトレーナーは，「ぴたっ」と言いながら ASD 児の手を包み込むように触れて，「ふわっ」と言いながらそっと手を離します。ASD 児にとってみると，身体に触れられるという行為が，これまでの何かさせられるために身構えていたものから，させられる不快な体験ではなくいつもと違った面白い体験であることに気づきます。

　心身二元論の観点からみたときに，これまでの ASD の身体への接触体験は，他者がいきなり自分の中に侵襲していたと推測されます（図 17）。ASD 児にとって，主体としての自己は極めて曖昧であり，その曖昧さの要素には境界が曖昧でさまざまな外的刺激が侵入しやすいことと，自分自身を外部に拡張しやすいという境界の弱さがあることが指摘されています（佐藤・櫻井, 2010）。そのため ASD 児が不安になったり，泣き出したり，嫌がったりなどの反応を示したことが推測されます。

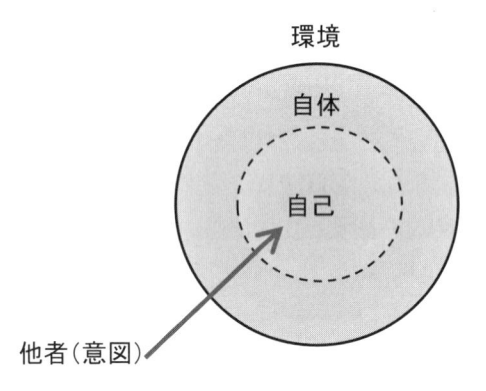

図 17　自我の発達モデル（触れられる体験）

これに対して，とけあう体験では，そっと触れられることでASD児の中に自身の身体（自体）が立ち現れることになります。そして動作課題を通じて，自体に対して働きかけることの繰り返しによって，自己と自体の間の境界が明確化することになります。つまり，自分に身体があることに気づけると，他者と自己の間に身体が介在することによって，自己と他者との間の距離をとることができます。特に，手でのとけあいはASD児にとって目前で展開するやりとりであり視覚的にとらえやすいことから，自己と他者との間に一定の距離を置くことができます（図18）。

DHIPのこれまでに報告された事例を見ると，いずれのケースでも腕あげ動作課題や躯幹のひねり課題を実施するために仰臥位や側臥位の姿勢をすぐにとれず，姿勢がとれるまでに時間がかかったことが報告されています。例えば，宮脇・千川（2019）は，対象児がセッション（以下「＃」と示す）3から＃7にわたり，課題を実施しようとすると立ち上がって課題ができなかったと報告しています。古閑・千川（2020）も＃5までトレーナーが横になって見せたり，身体模倣のやりとりをしたりしながら仰臥位の姿勢になるように誘導していました。

２．課題への部分的な応答段階—生きた行為主体との対面

段階2は，共有された意図性の発達段階では，二者間の関与の段階になります。千川（2016）は段階2を「課題への部分的応答段階—他者意図理解」とし，この段階のASD児の様子として，「片手を1回あげたらおしまいなど，やりとりが続かない，じっくりと関わっている感じがしない。」と述べています。

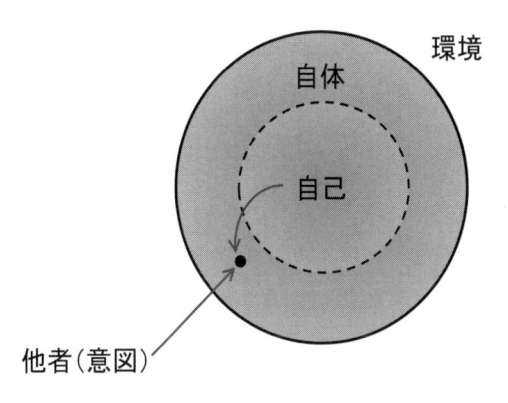

図18　自我の発達モデル（身体への共同注意）

DHIP の動作法の取り組みを見ると，干川・関屋（2021）の対象児では，初回の#3 のときには1回の課題動作が終わるごとに立ち上がってカーテンの裏に隠れたり歩き回ったりしていました。岩下・干川（2016）でも対象児は，#1〜#2 では1回目の腕あげ動作課題が終わると立ち上がることが見られたと報告しています。

　この段階での ASD 児は，とけあう体験を通じて他者が自分の身体に触れることを抵抗なく受け入れられるようになったと推測されます。触れられている手に注意を向けたときに触れている手の先に意図をもった他者としてのトレーナーがいることに気づきます。トレーナーは何か課題をさせようとするのだが，それが何かよく分からないまま，一緒に腕を上げさせられます。まさに ASD 児はこのやりとりを通じて初めて生きた行為主体（animate agent）としての他者に出会うことになります。この時に，ASD 児とトレーナーとの間のターンが持続しませんが，繰り返す中で次第に原会話のような双方向のやりとりへとつながっていくと考えられます。動作課題を遂行するにつれて，動作課題を理解して課題を遂行するために意図し，努力し，身体運動を生じることを通じて，自己—自体の境界が明確化していきます（図 19）。

　前述のように，この段階にある ASD 児に対して，合図により課題動作の始めと終わりを伝えることや決められた回数を実施して見通しを持たせる，カウンティングを活用するなどの対応が考えられます。

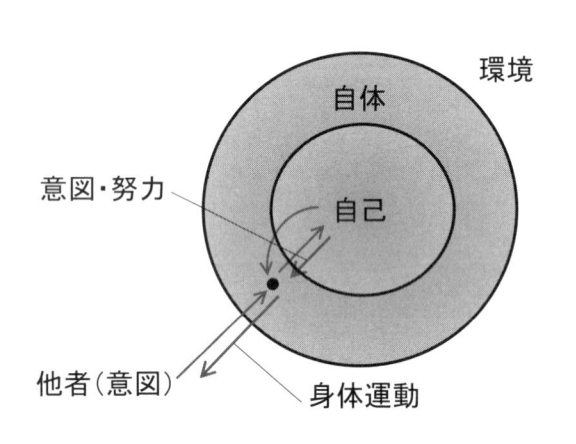

図19　自我の発達モデル（課題の遂行＝境界の明確化）

3．他者を意識しない課題遂行段階—目標志向的行為主体の理解

　段階3は共有された意図性の発達段階では，三者間の関与の段階になります。干川（2016）は，段階3を「他者を意識していない課題遂行段階」としました。この段階のASD児の様子として干川（2016）は，「腕あげ動作課題で片側の課題を3回したらおしまいのようにパターンで課題を遂行していて，トレーニーが自分からそれ以上の課題をしないなどが見られる」と述べています。この段階について田中（2020）は，他者を目標志向的行為主体として理解しているが，意図をもつ行為主体としては理解していない段階と位置づけています。

　この時期のトレーナーの陥りがちな意識として干川（2016）は，「筋力トレーニングのように理解し，回数などのパフォーマンスに目が向いてしまいがち」と指摘しています。このことを踏まえるとトレーナーの目標が例えば腕あげ動作課題で「片方の腕を3回ずつ上げ降ろす」との目標設定だとすると，トレーニーはトレーナーの目標を理解し目標を共有します。トレーナーの働きかけに対してASD児は，生きた行為主体としてトレーナーを認知しており，腕を上げるという行為を行います。例えば，腕あげ動作課題でトレーナーは腕を床から頭の上に上げるように言葉と身体的なガイドで誘導します。それに合わせてトレーニーは腕を上げようと努力します。途中，動きが止まったり急に動かしてしまうときにはトレーナーが動きをガイドしたりブレーキをかけたりすることで一定の速度で動かすことができるように援助します。

　しかし，動作法の特徴的な働きかけは，単に腕を上げることがトレーナーにとっての目標ではなく，腕を上げていくまでのプロセスとしてトレーニーが身体に注意を向けたりゆっくりと動かせるようになることです。トレーニーが腕を3回ずつ上げると目標を理解し，またトレーナーも同じ目標である場合には，同じ動作の繰り返しに終わってしまい，いわゆる「パターン化」を生じてしまいます。したがって，この段階ではトレーナーは，課題動作の目標が腕を上げることではなく，その過程でどのくらいトレーニーが身体に注意を向けてトレーナーとの共同作業を行うのかを意識することが必要です。つまり，トレーニーがトレーナーの働きかけをどのようにとらえて，どのよ

うに動作課題を行おうとしているかを認識して，トレーナーは働きかけを行わなければなりません。

　共有された意図性では，三者間の関与として大人と子どもがそれまでの二者間の関係から，共同注意に示されるように対象をお互いに注視することから，三者間の関与として定義しています。筆者が動作法を共同注意によって説明する際に難しかったのは，動作法では何にお互いに注意を向けるのかということでした。自己－課題－他者として動作課題に注意を共有することなのか，トレーニーが自体を対象視できることによる自己－自体－他者の三項関係を想定するなどいろいろと考えてみましたが，いずれもかなり無理のある考察であったと思います。筆者は，単なる共同注視ではなく，共有された意図性で指摘された共同注意行動が社会的再帰的推論をもつことに注目しました。筆者は，動作法でのやりとりが共同注意の発達を促す一つの根拠として，動作法が共同注意行動と同様な社会的再帰的推論を持っていると考えました（図20）。動作法でトレーナーは，トレーニーの身体に触れていることによって，トレーニーが課題動作に合わせて動かそうとしていたかを分かることができます。そのことはトレーニー自身にとっても，いま自分が動かそうとしていることをトレーナーが知っていることを知ることになります。トレーニーは，トレーナーの声かけや自身の動きに対する反応（うまく動かしているときに補助している力が弱くなるなど）によって自分が相手に分かっ

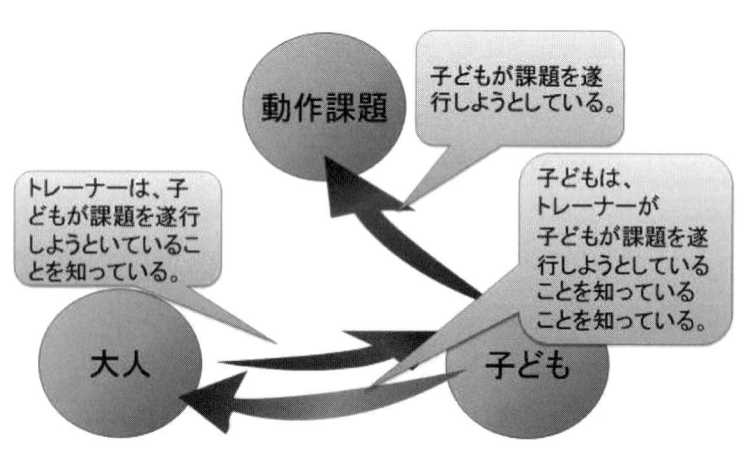

図20　動作法における社会的再帰的推論

てもらえているという体験を積み重ねます。このことが，上手にできたことを共有しようとしてトレーナーの顔色をうかがい，結果としてアイコンタクトが生じたり，より相手と交流しようと思ってからかい行動を生じるなどの変化をもたらします。したがって，共有された意図性で述べられている三者間の関与は，対象をお互いに注視することが重要なのではなく，社会的再帰的推論が行われるようになることが重要になります。

この段階では，ASD児が自ら仰臥位の姿勢を取るようになることが報告されていることから，トレーナーの目標を理解していると解釈できます。この段階での身体を通じたやりとりを通じて，ASD児はトレーナーの目標だけでなくアクションプランを変更したり，トレーナーに関わろうとする次の段階に移行することになります。

4．他者を意識した課題遂行段階—意図をもつ行為主体の理解

共有された意図性の発達段階に基づくと，意図をもつ行為主体を理解できているのであれば協力的関与の段階になりますが，ここではその前段階としての三者間の関与の段階に位置づけました。干川（2016）は，段階4を「他者を意識した課題遂行段階」とし，ASDの様子として「課題を通じたやりとりをする中で，例えばトレーナーが腕を上げてと言うとトレーニーがわざと腕を降ろすなど指示と反対のことをして，微笑みながらトレーナーの顔色をうかがったり，動かさないように指示すると逆に動かしたりするなどの行為が現れる。また腕あげ動作課題で上手にできたときにトレーナーと視線が合うなど，社会的参照と思われる行動が出現する。」と述べています。

酒井・干川（2021）は，#18で腕あげ動作課題のときに，トレーナーが「ゆっくり動かすよ。」と言うと，対象児は指示とは反対に腕を素早く上下し，トレーナーの顔を見てニヤっと笑うことがあったと報告しています。また松岡・干川（2014）は，#20からはトレーナーの方をちらっと見た後に足を動かし，トレーナーが「今はここだよ。」と課題に注意を向かせようとしてもケラケラ笑い出して，課題に注意を向けることができない状況を報告しています。

からかい行動について大神（2002）は，共同注意関連行動の出現時期に位置づけながら，14ヵ月の幼児が明らかに他者を意図的存在として理解していると述べています。また，横田・田中（2012）はからかい行動について，1歳頃からみられ始める他者の心的状態を自分が意図したように変化させる行動であると考えられ，発達初期にみられる他者意図操作に関連する行動であると考えらえると述べています。したがって段階4のASD児は，他者意図理解の段階にあると推測されます。

　田中（2020）の考察に基づくと，ASD児に腕あげ動作課題を適用したときに，トレーナーは子どもが自分の身体の動きや感覚に注意を向けながら（プラン），腕を半円状に動かす（目標）という意図的行為を子どもにやってもらおうと働きかけます。段階3の目標志向の行為主体として理解している段階では，腕を半円状に動かすことが自分の課題としてトレーナーから要求されていると捉えて，その動作を反復することから「パターン化」を生じます。一方，段階4の意図をもつ行為主体として理解すると，腕を動かす過程での自分の身体の動きや感覚に注意を向けるようになり，トレーナーの「ゆっくり動かすよ。」の言葉かけと身体的な援助によって，腕をゆっくりと動かすためにアクションプランを変更できるようになります。このように，動作法でのやりとりは腕を上げるという目標とゆっくりと動かすという二重課題モデルとして理解されます（図21）。

図21　動作法における二重課題モデルの概要

5．共動作体験段階－協力的関与

　この段階は，共有された意図性の発達段階では，協力的関与の段階になります。干川（2016）は，段階5を「共動作体験段階」とし，この段階のASD児の様子として，上手に課題を遂行することができることを挙げています。具体的にはトレーナーの言葉の指示に応じて課題姿勢をとったり課題動作に取組むなど，コミュニケーションの問題はほとんどなくなっています。干川（2016）は，対応策（動作法の中での具体的な手立て）として，トレーナーとトレーニーの役割交代を提案しています。役割交代は，共有された意図性の発達の観点からみると協力的関与の段階に位置づけることができます。

　協力的関与の段階は，共同注意の後身にあたるため，動作法による身体を通じたやりとりの中から協力的関与のエピソードを抽出することは難しいです。Tomasello（2019）は，協力的な共同注意は生後14ヵ月で横ばいになり始め，18ヵ月と24ヵ月でもこの平準化が確認されており，その理由として言語的なコミュニケーションが多くを占めるようになることを指摘しています。この段階になると，コミュニケーションとしての動作法でのやりとりの変化よりも共同行為ルーティンでの役割の交代などが重要になります。この段階以降は，肢体不自由児と同様に動作法の機能は，自分で思うように動かせない部位や緊張のある部位を探して，それを動かしたり弛めたりすることに課題が変化する，いわゆる自己—自体系の活動へと移行することになります。

6．共有された意図性の観点から見た DHIP の活動

　DHIP の特徴は，動作法により ASD 児の発達の共通基盤 Common ground（Tomasello, 2019）が作られ，それに合わせて情動的交流遊びやキャッチボールでのやりとりの変化，共同行為ルーティンでの状況に合った発語の増加，要求言語行動の形成などを生じる点です。

(1) 情動的交流遊び

　情動的交流遊びとは，情動の共有が遊びの楽しさの中心となるもので，くすぐり遊びや揺さぶり遊びなど，子どもの身体感覚に働きかけ，快の情動を引き起こすことによって生まれる遊びです(伊藤，2006)。李・田中・田中(2010)は，指さしがほとんど見られない自閉症児を対象にくすぐり遊びや揺さぶり遊びを中心とした情動的交流遊びを行った結果，参照視が増えるなどより高次な共同注意行動が見られたことを報告しています。

　岩下・干川(2016)は，共同注意の発達段階に基づいて「注意の追従」の前段階にある自閉症児には，情動的交流遊びが効果的であると述べています。ASD の子どもが知的障害の子どもよりもくすぐられたときに積極的に反応するとの指摘もあります (Mundy, Sigman, Ungerer & Sherman, 1986)。Tomasello et al. (2005) の知見に基づけば，情動的交流遊びは二者間の関与であり，生きている行為主体とやりとりをすることで，快の情動のやりとりが行われることになり，それが原会話としての情動の共有を育み，結果として共同注意の発達につながります。

　DHIP では，「一本橋」や「シーツブランコ」などのくすぐり遊びを強化子として，プロンプト・フェイディング法を用いて，「やって」や「ちょうだい」などの要求言語行動の形成のとして用いる場合が多く，要求言語行動の即時

図22　「こちょこちょしちゃうぞ！」

強化子としての機能を果たしています（松岡・干川, 2014; 庄司・干川, 2016; 干川・坂田, 2019）。

(2) キャッチボールでのやりとり

　キャッチボールでのやりとりでは，トレーナーと子どもの間にボールでのやりとりが入ることによって，三者間の関与が成立することになります。税田・大神（2003）は，対象を提示する・手渡すといった行動の背景には，「他者の注意とその対象を認識し関連づける」そして「他者の注意を自己の注意対象に方向づける」スキルが存在することを指摘しました。キャッチボールのやりとりは，まさに自己の「対象を示す」行動に基づく他者の注意転換を直接的に捉えやすく，その後のやりとりの継続をもたらしやすいと考えられます。

　DHIP でのキャッチボールについても，やりとりの前とやりとりを重ねた後に対象児が大きく変化したことが報告されています。干川・関屋（2021）では，ベースライン期（BL 期）に支援者が投げたボールを受け取らず蹴ろうとしてやりとりが成立していませんでした。酒井・干川（2021）でも＃5までは，トレーナーが投げたボールを受け取りトレーナーへボールを返すことは1度もなく，キャッチボールが成立しませんでした。

　酒井・干川（2021）は，キャッチボールでのアイコンタクトの割合が＃3と＃4では 40％であったものが，次第に上昇し＃12 では 100％となりそれ以降は 90％から 100％であると報告しています。庄司・干川（2016）も＃1でアイコンタクトの割合は 25.0％であったものが＃12 では 87.5％までに上昇し，アイコンタクトの時間が長くなり，支援者と指先を交互に見る交互凝視が出現したことを報告しました。

　さらに，庄司・干川（2016）は，＃9 以降に対象児がボールを別の方向に投げた後に支援者を見て様子をうかがったり，ニヤっと笑ったりする行動が見られたことを報告しました。宮脇・干川（2019）も，言語障害のある ASD 児が＃17 で支援者と別の方向にボールを投げて，声に出して笑ったりする行動が見られたことを報告しています。干川・関屋（2021）は，＃11 以降にアイコンタクトの割合が 90％以上になり，終了後支援者が「A 君，上手。」と言うと，支援者の方に近づいて来て自らハイタッチを求めることがあったと

述べています。

　共有された意図性の発達の段階からキャッチボールを見たときに，最初の頃にはボールを受け取らなかったり返そうとしなかったりとやりとりが成立していませんでした。したがって，二者間の関与以前の段階にあったと言えます。その後にやりとりが成立しボールのターンが継続することになり，生きた行為主体と対面することになります。その後，〇回やりとりしたら終わりというトレーナーの目標に気づくようになり三者間の関与として目標志向的行為主体としての他者を理解するようになります。さらにアイコンタクトの割合も 100%近くなり，からかい行動と思われる行動や，ハイタッチなどの決められた行為以外のものが出現するようになっていることから，意図をもつ行為主体として他者を理解するようになります。協力的関与の段階を言語による注意の操作段階とすると，キャッチボールの際の「大きいのを下さい。」「小さいのを下さい。」などの言語的なやりとりは，協力的関与の段階として位置づけられるのかも知れません。

(3) 共同行為ルーティン

　DHIP では，これまで言葉のある ASD 児に対して，共同行為ルーティンを用いてきました（庄司・干川, 2016; 干川・坂田,2019; 酒井・干川, 2021; 干川・関屋,2021）。その報告の中にも共同行為ルーティンでの対象児の発達過程が報告されています。実施直後の困難さとして，庄司・干川（2016）は BL 期で対象児が使用するおもちゃを支援者に向かって投げたり，役割交代ができていないことを報告していました。干川・坂田（2019）は，#3 では，対象児がおもちゃを支援者や壁に向かって投げたり，口にくわえたりする様子が見られたことや，役割交替やその場に応じた行動を理解できていなかったことが報告されています。干川・関屋（2021）は，#1〜3 では，対象児が役割の交代を理解できず「お店屋さん」では「お客さん」の支援者の言葉を模倣することが多かったことが記されています。支援後の変化として，庄司・干川（2016）は，#8 以降すぐに役を代わっても，対象児はきちんと適切な台詞を言うことができたことや，#11 では，台詞を言う際に相手の方を向いて発語したり，支援者の名前を呼んで支援者の注意を向けようとする共同注意の開始が見られたことを報告しました。干川・坂田（2019）は，セッショ

ンの最後の方では，対象児がお会計の場面で「〇〇円です。」という台詞に「50円です。」や「89円です。」などのバリエーションを加え，さらに店から出た後に買った品物を補助者に「先生，食べて下さい。」と言って渡したり，品物を選んでいる支援者に対してレジから「お客さん，待っているよー。」と急かしたりする様子が見られたことも報告しています。干川・関屋（2021）は支援後の変化として，＃9 では役割交代時におもちゃに触ろうとしていたが支援者に「そこに置いてくれる。」と言われると準備を手伝うことができ，＃11以降では役割交代時に自分から準備を手伝うようになったことも報告されていました。

　共同行為ルーティンのお店屋さんごっこで状況に合った台詞が言えるようになったASD児が，日常生活での買い物の場面で母親が目を離した際に，一人でお菓子を購入できたとの保護者からの報告（庄司・干川, 2016）もありました。

　共有化された意図性の発達から見たときに，初期の頃の共同行為ルーティンで，ASD 児は状況がわからずおもちゃを投げつけたりするなど，トレーナーを「生きた行為主体」としては理解していませんでした。その後，小道具を用いたりすることで状況が明確になってくると，トレーナーのプロンプトに随伴して適切な行動を行うことができるようになりますが，意図性を共有していないことから目標志向的行為主体の段階と言えます。その後，からかい行動と思われる行動が見られたことなどから意図的行為主体として他者を理解できるようになり，さらに一緒におもちゃを用意したりなど役割をスムースに交代できるようになってきていることを考えると，協力的関与の段階として位置づけることができるでしょう。

(4) 要求言語行動の形成

　言語行動の中でも要求言語行動は，機能性，実用性の高い言語であると指摘され（藤原, 1985），主にABA の立場から，要求言語行動の形成に関する多くの研究が行われてきました（出口・山本, 1985; 藤原, 1985; 加藤, 1988; 阿部, 1989; 石原・青木・望月, 2002; 霜田, 2003; 柳・米山, 2014）。要求言語行動の指導では，訓練場面で言語行動を確立した場合でも，その行動が必要な場面や第三者には現れなかったとする般化の問題が指摘されています

（出口・山本, 1985; 加藤, 1988）。このため、「機会利用型指導法」（出口・山本, 1985）や「フリーオペラント法」（谷, 1989）が行われてきましたが、子どもの自発的な言語使用を重視するため、より重度の障害があり音声言語の獲得を困難とする子どもにとっては強化経験を受ける機会そのものが少なくなるとの指摘があります（柳・米山, 2014）。

　DHIP においても、情動的交流遊びやキャッチボール、おやつ場面、音楽や DVD の視聴などの好きな活動場面を利用して要求言語行動の形成が試みられてきました（松岡・干川, 2014; 岩下・干川, 2016; 庄司・干川, 2016; 宮脇・干川, 2019; 古閑・干川, 2021; 酒井・干川, 2021; 干川・関屋, 2021）。松岡・干川（2014）は、自閉症児に対して 2 年間にわたる動作法による指導を行った結果、「ママ」「せんせい」など相手の注意を自分に向けてから要求する共同注意の開始や、母親のいる部屋を指して「おかあさんお勉強」など叙述的言語行動に効果のあることを示しました。

　岩下・干川（2016）は、黒木・大神（2003）の作成した「共同注意項目の得点表」による JA 得点を用いて、要求行動を通過していない「行動の追従」の段階の自閉症児に、動作法による共同注意行動の形成と併せて、要求言語行動を形成することが効果的であることを指摘しました。

　DHIP での要求言語行動は、主に「〇〇下さい。」の二語文での要求言語行動から「□□先生、〇〇下さい。」の三語文の要求言語行動の形成を目指したものが用いられてきました（宮脇・干川, 2019; 酒井・干川, 2021; 干川・関屋, 2021）。これは、支援者が注意を向けていないときに「□□先生」と相手の注意を自分に向けるという注意の操作する活動として位置づけられており、共同注意の開始と関連づけられます。

　共有された意図性の観点から要求言語行動を見ると、指導の初期ではプロンプト・フェイディング法を用いて、標的行動として二語文での要求言語行動が形成されていました。標的行動が生起した後に即時に強化子が随伴することで行動の生起率が上昇したことから、目標志向的行為主体として他者を理解していたと考えられます。DHIP では二語文の後に、相手の注意を操作する三語文の指導を行っていることから、ここでは対象児が意図的行為主体としての他者を理解し、働きかけることができるようになったと推測されます。

7．まとめ

　Tomasello をはじめ多くの研究者は，ASD 児は共同注意行動に障害があり，共同注意行動の発達を調べることによって ASD のリスクのある子どもを早期に発見して，早期に対応することができると述べています。Tomasello は，文化を越えて多くの乳児が共同注意行動を生じ ASD 児が共同注意行動に課題があることから，共同注意行動が ASD の器質的な障害であると結論づけています。では，DHIP で ASD 児に効果が見られることをどのように考えたら良いでしょうか。

　筆者は，ASD 児が共同注意行動の障害に見られるような器質的な障害をもちながらも，発達していることが重要であると考えます。つまり，発達に適した環境を調整することができれば，ASD の子どもでもより他者と関わろうとする子どもに育てることができるに違いありません。

　心理療育たけのこ会で育った ASD の人たちを見ても，不適切な行動があるかもしれませんが，人なつっこく自分から人に関わろうとする ASD の人に育っている印象があります。このような姿から，物や言葉でのやりとりの難しい ASD 児の場合には，早期に DHIP を実施することによって，定型発達児の 9 ヵ月から 18 ヵ月の発達を促し，共通基盤を形成することができます。共通基盤を形成することによって，言葉や物でのやりとりができるようになります。さらにからかい行動に見られるような情動的なやりとりも増え，ASD 児と一緒にいて通じている感じが増します。

　ASD 児は，共同注意行動につまずきが見られ，何もしなければその段階をクリアすることができません。しかし，一人ではその壁を乗り越えられないのですが，支援者と相互作用を行い援助を受けることによって，一人ではできなかったものができるようになっていきます。この考え方は，ヴィゴツキーの最近説領域の考え（守屋, 1986）と共通しています。大切なことは，ASD 児にどれくらい豊かな環境との相互作用を調整できるかです。DHIP を実施することによって，ぜひ ASD 児のこころの発達を促して下さい。

＜引用文献＞

Alberto, P. A. & Troutman, A. C. (1999) *Applied behavior analysis for teachers: Fifth edition*. Upper Saddle River NJ: Merrill Prentice-Hill. 佐久間徹・谷晋二・大野裕史（訳）（2004）はじめての応用行動分析日本語版第2版, 二瓶社.

Aldridge, M. A., Stone, K. R., Sweeney, M. H., & Bower, T. G. R. (2000). Preverbal children with autism understand the intentions of others. *Developmental Science*, 3(3), 294-301.

阿部芳久（1989）書字による要求言語形成と般化促進に関わる先行要件の検討—日常場面における機会利用型指導法の自閉児への適用を通じて―. 特殊教育学研究, 27(2), 49-55.

Baron-Cohen, S., Leslie, A. M., & Frith, U. (1985) Does the autistic child have a 'theory of mind'? cognition, 21, 37-46. Capenter, M. Tomasello, M. & Striano, T. (2005) Role reversal imitation and language in typically developing infants and children with autism. *Infancy*, 8(3), 253-278.

Bruinsma, Y., Koegel, R. L., & Koegel, L. K., (2004) Joint attention and children with autism: A review of the literature. *Mental Retardation and Developmental Disabilities Reviews*, 10, 169-175.

Bruinsma Y., Minjarez, M., Schreibman, L., & Stahmer A. (Eds.) (2020) *Naturalistic developmental behavioral intervention for autism spectrum disorder*. Baltimore MD: Paul H. Brookes Publishing Co.

Campos, J. J., Anderson, D. I., Barbu-Roth, M. A., Hubbard, E. M., Hertenstein, M. J., & Witherington, D. (2000) Travel broadens the mind. *Infancy*, 1(2), 149-219.

藤原義博（1985）自閉症児の要求言語行動の形成に関する研究. 特殊教育学研究, 23(3), 47-53.

Gergely, G. Bekkering H., & Kiraly I. (2002) Rational imitation in preverbal infants, *Nature*, 414, 755.

Hobson, P (2004) *The cradle of thought: Exploring the origins of thinking*. London: Pan Book.

Hobson, P., Ouston U., & Lee A. (1989) Naming emotion in faces and voices:

abilities and disabilities in autism and mental retardation. *British Journal of Developmental Psychology*, 7, 237–50.

Hoshikawa, T. (1991) Effects of attention and expectation on tickle sensation, *Perceptual and Motor Skills*, 72, 27-33.

干川隆 (1995) 重度精神遅滞児の社会的相互交渉に及ぼすからだを通じたやりとりの効果. 国立特殊教育総合研究所研究紀要, 22, 1-8.

干川隆 (2007) 自閉症の子どもの発達を促す動作法の効果 —共同注意の発達の視点から—. 熊本大学教育学部紀要. 56. 19-31.

干川隆 (2016) 自閉症のこどものための動作法—発達段階とそれに応じた支援—. 熊本大学教育実践研究, 33, 45-55.

干川隆 (2023a) 自閉症スペクトラム障害児の発達を促す動作法指導パッケージ —方法論上の位置づけと共有された意図性の発達からの考察—. リハビリテイション心理学研究, 49(1), 67-79.

干川隆 (2023b) 学習のつまずきを軽減する！効果的な教材＆対応アイデア. 明治図書出版株式会社.

干川隆・坂田愛梨 (2019) 知的障害のある児童のコミュニケーションと不器用さに及ぼす動作法指導パッケージの効果. 熊本大学教育学部紀要, 68, 79-88.

干川隆・関屋奈々実 (2021) 自閉症スペクトラム障害の傾向がある幼児の表出言語に及ぼす動作法指導パッケージの効果. 熊本大学教育学部紀要, 70, 109-119.

石原幸子・青木千帆子・望月昭 (1991) 自閉症児のコミュニケーション支援—活動選択の機会設定による効果—. 立命館人間科学研究, 3, 73-81.

伊藤良子 (2006) 障害児における遊びの発達と指導(2)　遊びの発達過程と遊びの一歩. みんなのねがい, 474, 36-39.

岩下佳美・干川隆 (2016) 共同注意の発達段階に合わせた自閉症と自閉的傾向の子どもの要求言語行動の形成. リハビリテイション心理学研究, 42(1), 13-28.

Kasari, C., Gulsrud, A. C., Shire, S. Y., & Strawbridge, C. (2022) *The JASPER model for children with autism: Promoting joint attention, symbolic play, engagement, and regulation.* New York NY: The Guilford Press.

加藤哲文 (1988) 無発語自閉症児の要求言語行動の形成—音声言語反応型の機能プログラム, 特殊教育学研究, 26(2), 17-28.

古閑詩織・干川隆 (2021) 自閉スペクトラム症の児童の要求語形成に及ぼす動作法指導パッケージの効果. リハビリテイション心理学研究, 47(1), 43-54.

今野義孝 (1978) 多動児の行動変容における腕あげ動作コントロール法の試み―行動変容における弛緩訓練の効果について―. 東京教育大学教育学部紀要, 24, 187-195.

今野義孝 (1997) こころもからだもイキイキ「癒し」のボディ・ワーク. 学苑社.

今野義孝・田中久恵・大木道子 (1979) 多動児の行動変容における腕あげ動作コントロール訓練法の効果について. 18, 29-48.

黒木美紗・大神英裕 (2003) 共同注意行動尺度の標準化. 九州大学心理学研究, 4, 203-213.

Lovaas, O. L. (1987) Behavioral treatment and normal educational and intellectual functioning in young autistic children. *Journal of Consulting and Clinical Psychology*, 55(1), 3-9.

松岡路子・干川隆 (2014) 自閉症の子どもの共同注意の開始と叙述的共同注意を促す動作法の効果. リハビリテイション心理学研究, 40(1), 1-13.

Meltzoff, A. N. (1995). Understanding the intentions of others: Re-enactment of intended acts by 18-month-old children. *Developmental Psychology*, 31(5), 838–850.

宮脇幸奈・干川隆 (2019) VOCA を用いた要求言語行動の形成に及ぼす動作法指導パッケージの効果. リハビリテイション心理学研究, 45(1), 3-13.

宮崎昭 (1999) 肢体不自由養護学校の養護・訓練に関する調査. 肢体不自由教育, 141, 22-28.

守屋恵子 (1986) ヴィゴツキー. 村井潤一 (編) 発達の理論をきずく, 別冊発達 4,(pp.165-175).

Mundy, P., Sigman, M., Ungerer, J., & Sherman, T. (1986) Defining the social deficits of autism; The contribution on nonverbal communication measures. *Journal of Child Psychology and Psychiatry*, 27, 657-669.

Murray, L., &Trevarthen, C. (1985) Emotional regulation of interaction between two-month-olds and their mothers. In T.M. Field and N.A. Fox (Eds.) *Social perception in infants* (pp.177-197), Northwood, NJ: Ablex.

中井滋・髙野清 (2011) 特別支援学校 (肢体不自由) における自立活動の現状と

課題（1）. 宮城教育大学紀要, 46, 173-183.

成瀬悟策（1973）心理リハビリテイション. 誠信書房.

成瀬悟策（1988）タテ系動作訓練法. 心理リハビリテイション研究所.

成瀬悟策編（1992）臨床動作法の理論と治療. 至文堂.

成瀬悟策（1998）姿勢のふしぎ―しなやかな体と心が健康をつくる. 講談社.

大神英裕（2002）共同注意行動の発達的起源. 九州大学心理学研究, 3. 29-39.

大神英裕（2008）発達障害の早期支援：研究と実践を紡ぐ新しい地域支援. ミネ
ルヴァ書房

Peterson, C. C. & Siegel, M.(1995) Deafness, conversation and theory mind. *Journal of Child Psychology and Psychiatry*, 36, 459-474.

Premack, D., & Woodruff, G. (1978). Does the chimpanzee have a theory of mind? *Behavioral and Brain Sciences*, 1(4), 515–526.

Pyers, J. E., & Senghas, A., (2009) Language promotes false-belief understanding; Evidence from learners of a new sign language. *Psychological Science*, 20(7), 805-812.

李熙馥・田中道治・田中真理（2010）自閉症児における情動的交流遊びによる共同注意行動の変化. 東北大学大学院教育学研究科研究年報, 58(2), 213-227.

Rogers, S. J. & Dawson, G. (2010) *Early start Denver model for young children with autism; Promoting language, learning, and engagement.* The Guilford Press; New York, London.

Ross H. S. & Lollis, S. P. (1987) Communication with infant social games. *Developmental Psychology*, 23, 241-248.

税田慶昭・大神英裕(2003) 乳幼児期における応答的な「他者注意の理解」から自発的な「他者注意の操作」へ. 九州大学心理学研究, 4, 157-165.

酒井葵・干川隆（2021）自閉症児の要求言語行動の形成に及ぼす動作法指導パッケージの効果. リハビリテイション心理学研究, 47(1), 55-66.

佐藤由宇・櫻井未央（2010）広汎性発達障害者の自伝にみられる自己の様相. 発達心理学研究, 21, 147-157.

Sauciuc, G. & Persson, T. (2023) Empirical challenges from the comparative and developmental literature to the Shared Intentionality Theory – a review of alternative data on recursive mind reading, prosociality, imitation and cumulative culture. *Frontiers in Psychology*, 14:1157137, doi: 10.3389/fpsyg.2023.1157137.

Schreibman, L., Jobin, A.B., & Dawson, G. (2020) Understanding NDBI. In Y. Bruinsma, M. Minjarez, L. Schreibman, and A. Stahmer (Eds.) *Naturalistic developmental behavioral intervention for autism spectrum disorder* (pp.3-20), Baltimore MD: Paul H. Brookes Publishing Co.

関戸英紀 (2001) あいさつ語の自発的表出に困難を示す自閉症児に対する共同行為ルーティンによる言語指導. 特殊教育学研究, 38(5), 7-14.

霜田浩信 (2003) 発達障害児における要求言語形成手続きの検討－基準変更デザインによる要求行動から要求言語への移行－. 文教大学教育学部教育学部紀要, 37, 61-71

庄司美智子・干川隆 (2016) 自閉症の児童の共同注意の発達に及ぼす動作法指導パッケージの効果. リハビリテイション心理学研究, 42(1), 69-84.

Somogyi, E., Király, I, Gergely, G., & Nadel, J. (2013) Understanding goals and intentions in low-functioning autism. *Research in Developmental Disabilities*, 34(11), 3822-3832.

Stern, D. N. (1985) *The interpersonal world of the infant: A view from psychoanalysis and developmental psychology*. New York: Basic Books.

田中信利 (2020) 動作法における自閉症スペクトラム障害児の課題動作の「パターン化」について－他者理解の発達的観点からの理論的考察－. リハビリテイション心理学研究, 46, 51-61.

谷晋二 (1989) 話し言葉の形成に向けて―フリーオペラントから―. 発達の遅れと教育, 390, 12-15.

Tomasello, M. (1995) Joint attention as social cognition. In C. Moore & P. J. Dunham (Eds.), Joint attention: Its origins and role in development, Hillsdale, HJ: Lawrence Erlbaum Associates. 103-130. 大神英裕監訳 (1999) ジョイント・アテンション―心の起源とその発達を探る. ナカニシヤ出版. 93-117.

Tomasello, M., Carpenter, M., Call, J., & Moll, H. (2005) Understanding and sharing intention: The origins of cultural cognition. *Behavior and Brain Sciences*, 28, 675-691.

Tomasello, M. (2014) *A natural history of human thinking.* Cambridge MA: Harvard University Press.

Tomasello, M. (2019) *Becoming human: A theory of ontogeny.* Cambridge MA: Harvard University Press.

Tomasello, M. (2022) The coordination of attention and action in great apes and human.*Philosophical Transactions of The Royal Society B* https://doi.org/10.1098/rstb.2021.0093

Vivanti,, G & Hamilton, A. (2014) Imitation in autism disorders. In F. R. Volkmar, R. P. Sally J., R. Paul, and K.A. Pelphrey (Eds) *Handbook of autism and pervasive developmental disorders fourth edition.* (pp.278-301). Hoboken, NJ: John Wiley & Sons, Inc.

Wimmer, H., & Perner, J. (1983). Beliefs about beliefs: Representation and constraining function of wrong beliefs in young children's understanding of deception. *Cognition,* 13(1), 103–128.

柳瑞穂・米山直樹 (2014) 特別支援学校における自閉症生徒の要求言語行動形成に対する支援―写真カードを用いた代替行動の分化強化―. 関西学院大学心理科学研究, 40, 31-38.

横田晋務・田中真理 (2012) 自閉症スペクトラム障害児の他者意図理解および操作についての研究動向―欺き行為に焦点をあてて―. 東北大学大学院教学研究科研究年報, 60(2), 323-348.

【著者紹介】

干川　隆（ほしかわ　たかし）

熊本大学大学院教育学研究科教授. 群馬大学教育学部卒業後，九州大学大学院教育学研究科（教育心理学専攻）を単位取得後退学。1993 年から国立特殊教育総合研究所精神薄弱教育部で研究員・主任研究官として勤務。2000 年に熊本大学教育学部助教授に転任。ASD 児には教育相談を通じてかかわっていたが，熊本では心理療育たけのこ会に参加し，ASD の幼児が大人へと成長する過程を保護者と共に喜ぶという地域臨床の面白さを体験。

本扉イラスト　柳井貴恵
イラスト　西嶌瑠美
写真協力　えまちゃん、りずちゃん

自閉スペクトラム症（ASD）児のこころの発達を促す動作法指導パッケージ

2025 年 1 月 20 日　　初版発行

著　者　　干川　隆
発行者　　加藤勝博
発行所　　株式会社　ジアース教育新社
　　　　　〒101-0054　東京都千代田区神田錦町 1-23　宗保第 2 ビル
　　　　　TEL　03-5282-7183　　FAX　03-5282-7892
　　　　　E-mail info@kyoikushinsha.co.jp
　　　　　URL　https://www.kyoikushinsha.co.jp/
表紙デザイン　　小林峰子